LOS 10 MITOS DEL NACIONALISMO CATALÁN

Joaquín Leguina

LOS 10 MITOS DEL NACIONALISMO CATALÁN

temas'de hoy.

El papel utilizado para la impresión de este libro
es cien por cien libre de cloro
y está calificado como **papel ecológico**

Ediciones Temas de Hoy, sello editorial de Editorial Planeta, S. A.
Avda. Diagonal, 662-664, 08034 Barcelona
www.temasdehoy.es
www.planetadelibros.com
Primera edición: septiembre de 2014
ISBN: 978-84-9998-441-4
Depósito legal: B. 15.474-2014
Preimpresión: J. A. Diseño Editorial, S. L.
Impresión: Unigraf, S. L.

Printed in Spain-Impreso en España

Índice

«Los mitos suelen referirse a grandes hechos heroicos que, a menudo, son considerados el fundamento y el comienzo de la historia de una comunidad.»

JOSÉ FERRATER.
Diccionario de Filosofía

«En Cataluña, el castellano es, además de la lengua común, la lengua materna del 55 % de los catalanes, frente 31,6 %, que tiene el catalán. La clase política de primera línea presenta otro perfil: según solventes estudios de hace pocos años, tan sólo el 7 % de los parlamentarios reconoce el castellano como su "identidad lingüística". Una circunstancia poco compatible con lo que normalmente sucede con las colonias: los colonizados son los que mandan. Como tampoco lo es que Cataluña sea la región con mayor PIB de España, que el presidente de la Comisión de Exteriores de la metrópoli sea un nacionalista catalán o que el presidente de la Generalitat y otros cincuenta y cinco altos cargos de la Generalitat cobren más que el presidente del Gobierno. Y, si se mira la trama social, la fabulación nacionalista todavía resulta más extravagante. Cerca del 70 % de los catalanes, que en primera y segunda generación proceden de otras partes de España, ocupan las partes más bajas de la pirámide social y viven en el extrarradio de las ciudades, mientras que los "colonizados" habitan en los mejores barrios. También aquí la lengua empeora las cosas, al menos si nos importa la igualdad. Al convertirse el catalán en requisito para acceder a muchos puestos laborales, entre ellos los de la administración pública, la lengua oficia como un filtro que penaliza a los castellanoparlantes, los más humildes. La exclusión real es la de los supuestos invasores.»

Félix Ovejero Lucas.
«La izquierda, el nacionalismo y el guindo», 2014

Prólogo

Como nos ha recordado el profesor Ricardo García Cárcel, el nombre de Cataluña aparece por primera vez a fines del siglo XI y comienzos del siglo XII, al mismo tiempo que los primeros textos literarios en catalán, dos siglos después de que el conde de Barcelona, Wifredo el Velloso, consiguiera unir los condados de la entonces llamada Marca Hispánica.

Desde el siglo XIII Cataluña constituiría, con Aragón, Valencia y Baleares, la Corona de Aragón. Corona de Aragón y Corona de Castilla se unieron por medio del matrimonio de los Reyes Católicos, formando la llamada —y reconocida como tal en los documentos de la época— *Monarquía de Espanya*. No se trata de la unidad nacional, sino de la unión de dos territorios que ya eran gobernados por los Trastámara desde comienzos del siglo XV. Durante aquel reinado se incorporaron a las Coronas de Castilla y Aragón los reinos de Granada, Navarra y América y las plazas norteafricanas. También se consolidaron las posesiones italianas de la Corona de Aragón.

La integración de Cataluña en España ha sido cuestionada en algunos momentos. En efecto, desde 1641 a 1652 Cataluña se vinculó como provincia a la Francia de Luis XIII; también durante algunos meses de 1713-1714, al final de la Guerra de Sucesión, hubo catalanes que pretendieron crear una república independiente. Finalmente, una fugaz proclamación del *Estat Catalá* por parte de Lluís Companys, presidente de la Generalidad, de manera más retórica que efectiva, en octubre de 1934. En pocas palabras: desde el siglo XVI hasta hoy Cataluña ha formado parte de la Monarquía Hispánica o del Estado español.

A lo largo del siglo XX se ha apelado más al diferencialismo político y cultural de Cataluña con respecto a Castilla que a la antigua y falsa confrontación étnica. A la sinécdoque (tomar la parte por el todo), es decir, a la confusión Castilla-España contribuyó mucho la intelectualidad española, que sublimó a Castilla hasta el extremo de considerar a España como una construcción exclusiva de Castilla. Los Menéndez (Pelayo y Pidal), Unamuno, Sánchez-Albornoz... contribuyeron, sin duda, a esa sinécdoque, que el nacionalismo catalán acabaría por asumir, introduciendo progresivamente el paso de Castilla a España y a ésta como contrapunto de Cataluña.

En verdad, el esencialismo —es decir, la inútil búsqueda de las esencias de «lo español»— se disparó gracias a los escritos y discursos de muchos intelectuales de prestigio y no ha hecho ningún bien a esa España que tanto les «dolía» y a la que tanta literatura metafísica dedicaron. Y no le hizo ningún bien, en primer lugar, porque podían haber dedicado su precioso tiempo a proponer soluciones realizables en aquella España atrasada, analfabeta y caciquil, explotada y pacata que les tocó vivir. Por ejemplo, exigiendo una reforma agraria en condiciones o una reforma educativa que metiera en la Escuela a todos sus hijos y en la Universidad a los más dotados. En fin, que debieran haber puesto sus notables neuronas a favor de una España más moderna e industrializada en lugar de perder su tiempo elucidando si «nuestras raíces españolas» estaban en Indíbil y Mandonio o en Trajano, Adriano o Séneca. Además, aquellas elucubraciones esencialistas tan centradas, por cierto, en la «Castilla eterna» propiciaron la respuesta de quienes, como algunos vascos y algunos catalanes, acabaron por buscar, ellos también, sus «raíces eternas».

Pero ¿cómo hemos llegado a la situación actual?

Para el profesor Francesc de Carreras, «el secesionismo viene de lejos» y sería un error situar en el pasado reciente las raíces del actual proceso secesionista. Los motivos de fondo no están —siempre según Carreras— ni en determinadas renuncias durante la transición política, ni en la disconformidad de los nacionalistas con el desarrollo del proceso autonómico, ni en la reacción contra la sentencia del TC sobre el Estatuto de 2006. No. Las verdaderas causas vienen de mucho más atrás. Estaban ya en los orígenes del catalanismo político, a finales del siglo XIX y principios del XX.

Pero lo más curioso del caso —o quizá lo más aberrante— es que el nacionalismo catalán que —como nos señala Carreras— comienza en aquella época abarca todo el espectro ideológico, con grupos, partidos y personalidades que se sitúan en la derecha o en la izquierda, como conservadores o como progresistas, pero con un factor común que los une: al ser Cataluña una nación, debe ser Cataluña, y no España, el ámbito principal de actuación de esos partidos políticos.

Es una constante del catalanismo contraponer la nación como «ente natural» y el Estado como «ente artificial». La idea parte de una vieja cuestión muy debatida en la historia del pensamiento político: ¿el hombre es un ser social o un ser individual?

Según Borja de Riquer, fue el fracaso de la penetración social del nacionalismo español lo que permitió la aparición de los nacionalismos alternativos. Este historiador señala las características específicas de la España de entonces: la debilidad de la revolución liberal, la ineficacia de la acción unificadora del Estado, el carácter nacional precario de la vida política (según Juan Pablo Fusi, un país de centralismo oficial, pero de localismo real). Esas características constituyen la causa de que en España aparecieran los nacionalismos periféricos. También colaboraron en ello los desequilibrios económicos regionales, sobre todo las diferencias entre Cataluña y el País Vasco con el resto. También la débil homogeneidad social y un mensaje de integración nacional conservador y nostálgico. Comoquiera que sea, las relaciones entre el proceso de construcción nacional español, sin la fuerza suficiente que garantizase su éxito, y la génesis de los nacionalismos catalán y vasco a fines del siglo XIX resultan evidentes.

Andrés de Blas, en sus *Escritos sobre nacionalismo* (2008), afirma que el Estado de los españoles y la conciencia nacional han vivido en la segunda mitad del siglo XX una evidente crisis de legitimidad y confianza. Cuatro elementos —según él— han contribuido a ello: la brusca ruptura de la tradición liberal provocada por la Guerra Civil, la voluntad del franquismo de apoderarse de la retórica del nacionalismo español en su versión más conservadora, el exagerado entusiasmo filonacionalista vasco, catalán y gallego de las izquierdas en la Transición y, también, la actitud exclusivista de los nacionalismos periféricos y su permanente deslegitimación del Estado democrático, proyectada desde el pasado al presente y desde el presente al pasado.

Respecto al «filonacionalismo» de las izquierdas que señala De Blas, el PSOE y también el PSC y, en general, la izquierda han sido víctimas de varios malentendidos que tienen su origen en el franquismo. Una primera confusión proviene de creer que todos los que estaban contra Franco eran «de los nuestros». Pues no. Los nacionalistas nunca han sido «de los nuestros» ni por su concepción del Estado ni por sus ideas sociales. La segunda y más grave confusión se deriva del añoso prejuicio según el cual los conceptos de «patria» o de «España» son un invento del franquismo. Bajo tales prejuicios es fácil llegar a creer, por ejemplo, que hablar o escribir en español dentro de Cataluña es el producto de una imposición de «la lengua del imperio» por parte de Franco y no una tradición muy anterior a Prat de la Riba.

En efecto, cualquiera que viva en Cataluña o la visite percibe inmediatamente que en la calle, en la sociedad catalana, conviven el castellano y el catalán sin ningún problema digno de reseñar. Y si eso es así, ¿por qué las lenguas se han convertido en un problema político? Pues porque los nacionalistas consideran que *su lengua* es un elemento determinante de la identidad colectiva. Por eso tratan al español como si fuera una lengua extraña e impuesta por la fuerza, pese a que más de la mitad de los catalanes tengan hoy como lengua materna precisamente el español. No estamos ante una guerra entre lenguas, estamos ante una manipulación identitaria que conduce a una discriminación contra las personas a causa de su lengua materna. Eso es lo que viene pasando.

La permisividad con todas y cada una de las muchas ilegalidades cometidas por los sucesivos Gobiernos de la Generalidad, sus desprecios continuos hacia las sentencias del Tribunal Supremo o del Constitucional, ese mirar para otro lado de los sucesivos Gobiernos centrales, tanta blandura, no sólo se han basado en una voluntad de conllevarse, de «dos no riñen si uno no quiere», también se ha debido al desgraciado hecho de una ley electoral que coloca en una situación privilegiada a los nacionalistas periféricos, únicos grupos que son capaces en las Cortes de aportar votos para sostener Gobiernos (del PP o del PSOE) cuando estos partidos no cuentan con mayorías absolutas.

Para pelear contra esa ideología excluyente y contra esas políticas, cuyo objetivo estratégico es la secesión, lo primero que es preciso hacer es despreciar las descalificaciones que reciben los no-nacionalistas. Descalificaciones de las cuales se sirven ellos para defender su ciudadela y que van desde la más suave, «españolista», a las más duras, como «anticatalán» y hasta «franquista» o «facha», aunque, a mi juicio, la peor insidia en forma de prejuicio que los nacionalistas han conseguido colocar en el mercado de las ideas es aquella que equipara a los «separatistas» con los «separadores».

Sabemos quiénes son «separatistas», es decir, aquellos que persiguen como objetivo estratégico la escisión de Cataluña (también del País Vasco o de Galicia). ¿Quiénes son los «separadores»? Pues, según el pensamiento cándido de algunos, somos «separadores» quienes osamos criticar las bases ideológicas y las políticas nacionalistas. De lo cual se deduce que criticar a los nacionalistas no es «correcto», pues si te atreves a pronunciar tales blasfemias eres un «separador» y como tal alimentas la secesión. A ese tipo de razonamiento lo llamaban los clásicos *petición de principio*, pero existen formas más crudas de calificar tales argumentos: *basura ideológica*, por ejemplo.

Como ha dejado escrito Jon Juaristi, el Estado moderno sólo admite como sujetos de derechos a los individuos. Por el contrario, en la comunidad premoderna, a la que suelen apelar los nacionalistas, los derechos los señalaba el grupo estamental al cual perteneciera la persona. Un noble no podía ser juzgado por los mismos tribunales que tenían jurisdicción sobre la plebe. Los delitos de cristianos o judíos eran juzgados y castigados por las autoridades de la religión correspondiente, y su propia condición de delito se definía por normas distintas en cada confesión. Ser de piel demasiado clara (o demasiado oscura), albino o negro, podía privarle a uno de derechos disfrutados por sus vecinos de color considerado normal.

En su fondo ideológico, los nacionalismos secesionistas tampoco defienden hoy derechos iguales para las personas, sino que, al reclamar «la excepcionalidad» de sus «supuestas y antiguas identidades», se oponen de hecho a las identidades complejas que existen en sus territorios y a la vez exigen alternativas identitarias, incompatibles con la igualdad ante la ley. En otras palabras, niegan la identidad nacional como sustento de derechos y reclaman en su lugar los supuestos derechos de las identidades étnicas, es decir, de grupos definidos por rasgos accesorios desde el punto de vista de la identidad política (como lo es la lengua). Las identidades etno-nacionalistas no se basan en la posesión de unos rasgos objetivos, sino en el rechazo de la identidad política promovida por la nación-estado. Una comunidad nacionalista no es una comunidad tradicional, sino un sector de la población movilizado contra el Estado.

En concreto, los argumentos de los nacionalistas catalanes se pueden comparar a las dos caras de una sola moneda: 1) se afirma que la existencia de la «nación catalana» es previa al orden constitucional y 2) esa «nación» es permanentemente maltratada por ese orden constitucional. Ambos argumentos son falsos y este libro trata de desmontarlos. También las falacias y los mitos con los que se ha ido construyendo esa falsa conciencia sobre la que ha nacido y crecido el nacionalismo, comenzando por sus diez viejos y nuevos mitos. Los mitos viejos y nuevos que se abordarán en este libro. A saber:

1. El compromiso de Caspe
2. Los segadores
3. 1714 y el Decreto de Nueva Planta
4. La Guerra Civil (1936-1939) contra Cataluña
5. Los países catalanes
6. La lengua propia
7. España nos roba
8. El derecho a decidir

9. Un nuevo Estado en Europa
10. El Paraíso: La independencia

La operatividad de algunos de esos mitos los describió con gracia un joven barcelonés en una carta enviada a *La Vanguardia*. Hela aquí:

> Soy un barcelonés de 30 años que, como toda mi generación, creció con el *Club Super3*, el *Tomàtic*, la *Bola de Drac*, la *Arale*, Sopa de Cabra, Els Pets, *Els Caçafantasmes*, *Regreso al Futuro*... Veíamos la predicción del tiempo en la TV3, con los dibujos de soles y nubes sobre un mapa de los Países Catalanes. En la escuela nos explicaban la historia de las cuatro barras, pintadas por el emperador Franco con la sangre de Wifredo el Velloso sobre un escudo o tela de color amarillo-dorado: así nació nuestra bandera (la *senyera*). Los domingos por la mañana bailábamos sardanas en la plaza de la Iglesia, y daba gozo ver en un mismo círculo a los abuelos y los nietos, cogidos de la mano. En Navidad poníamos un *caganer* con barretina en el nacimiento. Así, disfrutábamos de una auténtica Navidad catalana.
>
> En la primavera cogíamos las *xirucas* (una marca de calzado), y nos íbamos a nuestros Pirineos a disfrutar de nuestras montañas y sierras, en nuestra tierra. Celebrábamos la Diada, con ánimo de no olvidarnos de la derrota de nuestro pueblo a manos de Felipe V y de los españoles.
>
> Somos un pueblo trabajador, con carácter, distinto del resto. Tenemos la Caixa, el RACC, los Mozos de Escuadra y los Ferrocarriles Catalanes. ¿Qué más queremos? Pues sí, queremos más.
>
> Pero la verdad no se puede ocultar siempre. Te vas de erasmus a Londres y descubres que existe vida fuera de nuestro pequeño planeta catalán. Que también hay trabajadores con carácter en otros territorios. Que la Caixa no es tan importante, si se compara con el Comer-

cial Bank of China. Que solamente una ciudad como Shanghái tiene 20 millones de personas.

Descubres la verdad: que lo de las cuatro barras de Wifredo el Velloso sólo era una leyenda, un mito, sin fundamento histórico. Ni Wifredo fue contemporáneo del emperador, ni se usaba la heráldica en ese siglo. Descubres que la sardana la inventó en el año 1817 un tal Pep Ventura, que tampoco se llamaba Pep sino José, nacido en Alcalá la Real, provincia de Jaén, e hijo de un comandante del Ejército español.

Se la inventaron porque no podía ser que la jota de Lérida o del Campo de Tarragona fuese el baile nacional. Y tampoco podía serlo el baile denominado «El Españolito». Por eso se inventaron la sardana a comienzos del siglo XIX: para crear una identidad nacional inexistente hasta entonces. La sardana, otro mito.

Descubres que en 1714 no hubo ninguna guerra catalana-española, que Cataluña no participó en ninguna derrota bélica. Fue una guerra entre dos candidatos a la Corona de España, vacante desde la muerte de Carlos II sin descendencia: entre un candidato de la dinastía de los Borbones (de Francia) y otro de la de Austria (de tierras germánicas). En todos los territorios de la Corona de España hubo austracistas y borbónicos: por ejemplo, Madrid, Alcalá y Toledo lucharon en el mismo bando que Barcelona. Ningún bando aspiró nunca a romper la unidad dinástica entre Castilla y Aragón, ni la separación de Cataluña. La Diada, otro mito.

Te das cuenta que [los nacionalistas] nos han tomado el pelo. No nos han educado, sino adoctrinado. Que nos han alimentado, sin darnos cuenta, de una «ideología total» que se encuentra por encima de todo y de todos. Lo abarca todo: permite pisar el derecho de las personas, modelar la Historia a su gusto, y determinar qué está bien o mal.

Te das cuenta que [los nacionalistas] nos han adoctrinado a través de mitos, leyendas, mentiras. Que han construido o falseado una realidad, con tal de fundamentar su ideología.

Está claro que eso de viajar, es para algunos, una estupenda vacuna contra la estupidez y el aldeanismo.

El profesor Santiago Muñoz Machado ha señalado a propósito del llamado *desafío nacionalista* que está «emergiendo con fuerza en Cataluña una Constitución aparente». Entiéndase: «no publicada en parte alguna, y ni siquiera susceptible de ser citada con precisión porque sus preceptos no están escritos; son imaginarios y se elaboran siguiendo procedimientos desconocidos. Lo único visible de la Constitución nueva es que está desplazando enérgicamente a la Constitución escrita»[1].

Muñoz Machado asegura también que todos los juristas solventes perciben esta situación. En efecto, los nacionalistas han puesto en marcha un nuevo proceso, pero no han esperado a su conclusión para tomar decisiones jurídicamente relevantes. Por ejemplo, sin ánimo exhaustivo, el Parlamento ha declarado el carácter nacional y soberano de Cataluña; el Estatuto de 2006 es aplicado e interpretado por el legislador y el Gobierno catalanes a su gusto, es decir, sin muchos miramientos por el reparto de competencias establecido en la Constitución, ni tampoco por la sentencia del Tribunal Constitucional de 2010, la cual consideran inadmisible. Aplican la legislación estatal después de evaluarla y sólo si supera el beneplácito de las instituciones autonómicas. Suelen reproducir entonces las normas estatales en la legislación autonómica, lo que contribuye a disimular su origen. Las sentencias del Tribunal Constitucional o de los tribunales ordinarios sólo se atienden si se consideran políticamente adecuadas a su ideología. Dirigentes políticos catalanes no

---

1. Muñoz Machado, S.: «La cuarta vía». *El Cronista del Estado Social y Democrático de Derecho*, n.º 42. 2004.

tienen el menor inconveniente en declarar que los tribunales están siempre subordinados a la política; y todo ello con total indiferencia de lo que pueda decir la Constitución o hayan declarado las sentencias.

Como el referéndum de autodeterminación es la única vía, de entre las indicadas por el Consejo para la Transición Nacional, que se ha incoado, los dirigentes políticos catalanes ya tienen dicho que, pese a la segura desestimación por las Cortes de la petición, no cejarán en su empeño de celebrar la consulta. Cómo lo harán está por ver y no interesa especular sobre ello, pero está claro que de celebrarse lo será contraviniendo la Constitución. Por más que se estiren las interpretaciones constitucionales, no hay ningún jurista razonable que pueda justificar que la Constitución acepta una consulta sobre la desmembración del Estado por disposición singular de los habitantes de una parte de su territorio.

Este libro pretende también explicar cómo hemos llegado al desafío actual. Cuáles han sido los hechos y cuáles las mentiras que han conducido al callejón sin salida en el que el nacionalismo ha colocado a la sociedad catalana y a las instituciones catalanas y españolas. El autor se ha servido de muchas aportaciones históricas, jurídicas y económicas que constituyen hoy un corpus de doctrina que últimamente ha crecido, precisamente para intentar elucidar el proceso separatista que se está viviendo en Cataluña. Este libro es una humilde aportación a esa batalla entre la razón y el sentimiento manipulado. Un sentimiento irracional que pretende convertir a los españoles en enemigos. Una manipulación que en el fondo sólo construye un discurso autocomplaciente. Al fin y al cabo, ¿a quién no le gusta que le pasen la mano por el lomo? Por ejemplo, de esta guisa: «somos los más hermosos, los más altos, los más inteligentes, los más trabajadores, los que mejor jugamos al fútbol y a la petanca... y no volamos como las águilas porque nos lo impide Madrid».

I

HISTORIA Y MITO

Es algo bien conocido y habitual en toda sociedad humana que las narraciones sobre su pasado, más que indagaciones guiadas por el mero interés por el conocimiento de los acontecimientos pretéritos, sean ante todo pilares sobre los que se edifica la identidad colectiva. Pertenecen, por tanto, al terreno de los relatos sagrados, fundacionales: se habla en ellos del nacimiento de la comunidad, de los padres de la patria, de sus héroes y mártires, de los valores perennes sobre los que se fundamenta la identidad colectiva, todo lo cual queda al margen de cualquier crítica historiográfica. No importa, en realidad, averiguar lo que ocurrió, sino impartir consignas de solidaridad grupal. Quien intente poner en duda el relato heredado a la luz de nuevas evidencias o nuevas interpretaciones corre, por tanto, un serio riesgo de ser acusado, pura y simplemente, de antipatriota.

José Álvarez Junco

El largo viaje del esencialismo en España

San Isidoro de Sevilla fue el primero en reivindicar al pueblo godo como padre de lo «español». Los godos habrían recibido como premio por sus hazañas una tierra que, según el autor, era paradisiaca. Se deduce de tal afirmación que el santo no había viajado mucho por los lugares a los que elogiaba.

A finales del siglo IX, en la corte de Alfonso III se esforzaron por elaborar unas crónicas históricas cuyo objetivo no era mostrar lo ocurrido en el pasado, sino, más cucamente, legitimar la dinastía ovetense emparentándola con el linaje godo. Un linaje inexistente, pues, como se sabía ya entonces, se trataba de una monarquía electiva. («Soy monárquico, pero del rey Recaredo», diría el republicano Azaña muchos siglos después.)

En el siglo XIII, se redactaron las llamadas *crónicas generales*, que pretendieron cohonestar el pasado romano con el godo. En el siglo XV la escuela judío-conversa española dedicó su mirada hacia los países europeos. Detrás de la ideología de esta escuela se perciben intereses del eje astur-galaico-leonés-castellano que acabaría por ser dominante, aunque en Navarra, Aragón y Cataluña y —claro está— en la España musulmana existieron también relatos que buscaron legitimar a los poderes existentes en cada momento.

Entre la época renacentista y la barroca existieron en España muchos eruditos que no sintieron vergüenza alguna en inventarse antecedentes heroicos para las casas reales y, en general, para los poderosos en cuyo beneficio escribían, pero a finales del siglo XVIII aparecieron los *novatores*, quienes tenían ya una concepción rigurosa de la historiografía, reclamándose de la crítica documental bajo la cual encontrar la «verdad histórica». De esta tarea exceptuaron ciertos temas tabú, como el relato bíblico o la supuesta presencia en España del apóstol Santiago y también el enaltecimiento de los visigodos, supuestamente creadores de la identidad nacional.

Las ideas innovadoras que llegaron, tras la Revolución francesa, con Napoleón no consiguieron producir una mayor neutralidad ideológica, sino que propiciaron la aparición de un nuevo relato mítico, esta vez liberal, que predicó la existencia antigua de un pueblo no sólo independiente, sino también dotado de «instituciones libres», de suerte que la historiografía del siglo XIX se vio atravesada por un debate (político, que no científico) entre el pensamiento laico y liberal y el conservador y católico. Para unos, la «época dorada» del pasado había sido en España el tiempo de las luchas medievales «por la libertad», mientras que para los otros la «edad de oro» fue la del imperio («la cruz y la espada»).

A finales del siglo XIX, con la llegada del pensamiento positivista y junto a él el nacimiento de nuevas ciencias «auxiliares»: arqueología, antropología, historia social..., la historiografía española se fue desprendiendo de mitos y prejuicios, pero la «Nación» siguió estando en el centro del relato histórico y —lo que fue peor— comenzaron los ensayos identitarios acerca del «problema de España». Pensamientos que siempre fueron más filosóficos que historiográficos. Elucubraciones identitarias que, a mi juicio, resultaron tan hueras como inútiles y que aún se siguen discutiendo entre nosotros.

Al hilo de la guerra de Cuba elevaron el vuelo metafísico Unamuno y Ganivet. El primero con su libro *En torno al casticismo* (1895) y el segundo con el suyo, *Idearium español* (1898). La gran cuestión consistía en explicar la causa de lo que Santos Juliá ha denominado la *anomalía española*, aquello que hacía que España fuera diferente a «Europa». Diferente por su atraso, por su estructura social injusta, por su incapacidad para establecer un sistema político «moderno», es decir, participativo, eficaz, útil para sus ciudadanos.

A este propósito Unamuno inventó un término muy suyo al cual llamó *intrahistoria*. La historia (de los historiadores) trataba, según él, de datos cronológicos, hechos externos, mientras que la «intrahistoria» se refería a lo esencial, lo que permanecía inalterable en la existencia de los pueblos. Esta «intrahistoria» suya no narraba los grandes acontecimientos, sino la vida que transcurría al margen de los mismos (los «hechos vivos»). En su caso, los «valores eternos» de España, el ente colectivo esencial, el «espíritu» o «alma del pueblo»; algo muy parecido al *Volksgeist* romántico.

«Castilla —según el rector de Salamanca— ocupaba el centro, y el espíritu castellano era el más centralizador, a la par que el más expansivo»; expansivo no por egoísmo, sino por lo contrario, por su generosidad, por su capacidad para «salirse de sí mismo». De ahí que, según el pensador bilbaíno, la España creada por Castilla fuera «uno de los pueblos más universales, el que se echó a salvar almas por esos mundos de Dios y a saquear América en beneficio de los flamencos». Unamuno buscaba la «casta histórica» de España en Castilla, en su paisaje, su gente, sus pueblos, sus personajes literarios. Los castellanos, siempre según él, eran gente esforzada, tesonera y astuta, idealista y a veces belicosa, de un realismo rastrero otras. Con indolencia oriental y obsesionada por la respetabilidad ante sus convecinos. En medio de la miseria de sus villorrios, Castilla guardaba una historia heroica y un alma artística; la esencia de «lo español». Un espíritu opuesto a la racionalidad científica y a la eficacia tecnológica de los europeos.

Si se me permite la blasfemia, ¡qué borrachera metafísica! Pero Unamuno no estaba solo. Azorín, por ejemplo, diría en *El alma castellana* (1900): «allí está todo el genio de la raza». También Pío Baroja utilizó en no pocas ocasiones el paisaje castellano como paradigma de España. Y Antonio Machado escribió que en el paisaje de Soria había sentido «a Castilla, que es la manera más directa y mejor de sentir a España». Todos los grandes nombres de la «literatura del Desastre» se dedicaron a utilizar la historia en el mismo sentido: diagnosticar «el ser y el problema de España».

Javier Varela ha descrito muy bien esa actitud de los intelectuales del 98 con estas palabras:

> La generación del 98 pasa por ser una generación historicista. Pero el suyo es un historicismo sin sentido histórico. La historia es un saber de salvación. «Confesión», «examen de conciencia», llama Unamuno a la historia. Para palpar en lo hondo del carácter nacional necesitan cerner el grano auténtico, castizo y popular, de la paja adventicia [...] Lo imprescindible es ligar los hechos con el espíritu del país en que han tenido lugar, averiguar el ideal —magna palabra— que ha inspirado su acción [...] La intrahistoria unamuniana, sedimento o receptáculo sobre lo que todo pasa y nada queda, es la negación expresa de la historia [...] Ensayismo, se dirá con razón, lucubraciones propias de aficionados.

A mi juicio, tanta preocupación, trabajo y literatura (en general, notable), tanto esfuerzo... mejor lo podían haber dedicado a otro «patriotismo», aquel que recomendó Horacio Nelson a sus marinos al inicio de la batalla naval en la cual él habría de morir y que tuvo lugar en 1805 cerca del cabo de Trafalgar: «Inglaterra espera que cada uno cumpla con su deber».

Si los intelectuales españoles, muchos de ellos académicos, hubieran seguido la vieja norma de Leibniz «calculemos y no discutamos», no sólo la historiografía se hubiera desprendido antes de tanto mito y tanta metafísica, también la ciencia española y la ingeniería hubieran servido para sacar del hoyo al país. Pero poco podían avanzar esas cosas si quien era rector de una de las más viejas universidades de España sale una buena mañana diciéndoles a los españoles «que inventen ellos».

«Casi todas las ideas sobre el pasado nacional que hoy viven alojadas en las cabezas españolas son ineptas y, a menudo, grotescas», había escrito Ortega al inicio de los años veinte... ¡y cuánta razón tenía!

Obviemos la etapa prebélica (dictadura de Primo de Rivera y

II República). También la guerra, y retomemos esta historia a partir del 1 de abril de 1939.

La posguerra. Vuelta a la mitología

Como era de esperar, tras la Guerra Civil, los vencedores volvieron a la carga esencialista, hasta llegar al hartazgo, de suerte que se puede afirmar sin temor al error que la historiografía franquista fue puro adoctrinamiento: «Una nueva concepción de la historia de España como historia patria», por usar el título del folleto editado en 1940 por Francisco Yela. Una España católica (es de suponer que desde antes de Cristo). La España imperial.

En 1935 el jesuita e historiador Zacarías García Villada dio en Madrid una conferencia a la cual asistieron Víctor Pradera, Ramiro de Maetzu y José Calvo Sotelo (el autor y los tres asistentes citados serían asesinados un año más tarde, al inicio de la Guerra Civil). Aquella conferencia dio origen a una obra: *El destino de España en la historia universal.* Allí aparece, muy agustiniana, la filosofía del autor: la lucha entre la ciudad de Dios y la del Diablo. Un carácter, el español, compuesto de «arrojo, tenacidad, espiritualidad, sobriedad y capacidad de sacrificio». Por eso era desde la antigüedad «campo abonado» para la doctrina cristiana y de ahí que la defensa del cristianismo fuera «misión providencial de España». La «formación de la nacionalidad española bajo el signo de la catolicidad» databa —según el jesuita— del tiempo de los godos, es decir, desde el siglo VI. Entonces se produjo un doble parto: el «político» con Leovigildo y el «espiritual» con Recaredo. Naturalmente, a pesar de la «dominación sarracena», el «ideal hispano» siguió vivo y provocó la Reconquista, dirigida por una Castilla «más igualitaria que ninguna otra región en el derecho, en la distribución de la tierra y en la organización municipal y en sus clases sociales». Castilla, «madre común de España». Tras la expulsión de los musulmanes y judíos («contumaces enemigos de la religión»), España se embarcó en «la conquista del Nuevo Mundo, portentosa por lo rápida y heroica» [...], «algo sobrehumano, inexplicable sin la intervención de la Providencia». «Solo contra todos», Felipe II «trabajó con denuedo por un ideal sublime»: la monarquía católica universal. Pero al rey Prudente le sucedieron herederos débiles, que sufrieron pérdidas y «lo más doloroso fue la desviación del espíritu nacional», manifestada en «sentimientos o tendencias que han anidado en los cerebros de quienes dirigieron nuestras instituciones». Eso explica que «España se haya perdido a sí misma. Aquel carácter caballeresco, viril, emprendedor, rectilíneo, ha sido sustituido por estotro, amanerado, ensayista, egoísta y voluble». Esta «pérdida del espíritu genuinamente religioso» ha sido la «causa principalísima de nuestra decadencia».

Como es fácil de ver, metafísica y esencialismo que cualquier historiador moderno de cualquier ideología tiraría directamente a la papelera.

En 1941, José María de Areilza y Fernando M. Castiella publicaron otro brindis al sol cuyo título lo dice todo: *Reivindicaciones de España*, «reivindicaciones» a conseguir tras el triunfo inminente de los alemanes.

A propósito de este libro no me resisto a contar una anécdota muy posterior protagonizada por un joven Manuel Fraga Iribarne, quien había colocado en su habitación colegial un mapa en el cual figuraban «Las tierras robadas», tal era el título inscrito en la parte alta del mapa, pero algún bromista, en un descuido del estudioso y vehemente joven, había cambiado tan sólo dos erres del título dejándolo reducido a «Las tiernas bobadas».

En ese mismo año de 1941, el catedrático de Latín Antonio Tovar (fue el intérprete que utilizó Franco en su entrevista con

Hitler que tuvo lugar en Hendaya) vio impreso *El imperio de España*. La tesis que allí defendió Tovar fue que un pueblo que «gana conciencia de sí» adquiere «la vocación y el ansia de Imperio», la conciencia de destino universal. El «alma» de un pueblo, en este caso el español, que «al menos una vez ha logrado su ideal y se ha volcado sobre el mundo para imponerle creencias y modos españoles». Ésa era precisamente la misión de la Falange, «despertar en todos, como anuncio de un futuro, la conciencia de un pasado imperial». Tovar diseñaba en el libro un recorrido histórico iniciado con el Imperio romano: España, la «provincia más antigua», no fue una «simple acompañante» de Roma; España aportó a la «regidora de pueblos» los nombres de Séneca, Trajano, Adriano, Quintiliano, Lucano, Marcial, con los que el Imperio vivió su mejor momento, «un mediodía velado, austero, español», y pasaron así unos «siglos serenos, de universalidad, de civilización, de espíritus cultivados, ¡de Imperio!». Luego llegaron los godos y con ellos «el sueño de un Imperio germánico», cuya capital fue primero Toulouse y después Toledo.

Mas, por detrás de estos esencialismos y otras fábulas, iba creciendo —incluso dentro de las filas del régimen franquista— una visión racionalista y científica de la Historia que acabaría por imponerse, sobre todo tras la aparición en Francia del grupo Annales. Dentro de España iban a ser los nuevos historiadores, en buena parte catalanes, quienes trajeran sensatez y serenidad al discurso historiográfico.

El debate entre Castro y Sánchez-Albornoz

Curiosamente, fue en el exilio donde se produjo el debate más sonado sobre lo que bien podría llamarse *la concepción metafísica de*

España y los contendientes fueron dos figuras de alto nivel: Américo Castro (1885-1972) y Claudio Sánchez-Albornoz (1893-1984). El primero publicó en 1954 *La realidad histórica de España*, el segundo, *España, un enigma histórico*, en 1956, ambos libros en Buenos Aires.

Castro no creía en un «español eterno». El «ser» español no se hundía en la noche de los tiempos, no se podía llamar *españoles* a iberos, a godos ni a «cuanto romano ilustre nació en Hispania»; «la dimensión colectiva de un grupo humano depende de una forma social y no de una sustancia biológico-psíquica, latente y perdurable», escribió Castro con gran sensatez. Para él, el momento decisivo en la historia ibérica, lo que había originado una situación original respecto del resto de Europa, fue la llegada de los musulmanes, la cual dio origen a una difícil convivencia de tres «castas» —cristiana, musulmana y judía— y a un mestizaje desconocido en otros países europeos. A ello se sumó, a partir de finales del siglo xv, la represión de las minorías derrotadas por la mayoría católica, lo que supuso el paso de la «convivencia» al «desgarro». En los siglos siguientes, los intelectuales del país —a los que ya podía llamarse plenamente *españoles*— vivieron en situación «agónica», de inseguridad radical, en un constante «vivir amargo» o «desvivirse».

Un buen comienzo para un discutible final, pues, como han escrito Álvarez Junco y De la Fuente Monge en el libro que estoy siguiendo en esta parte[2]:

2. Álvarez Junco y De la Fuente Monge: «Las historias de España. Visiones del pasado y construcción de identidad», en *Historia de España*, vol. 12. Barcelona: Crítica/Marcial Pons, 2013.

> Aunque su puerto de partida (el de Américo Castro) fuera un existencialismo pesimista, su barco acababa varado en el esencialismo nacional [...] pues pretende nada menos que captar la intimidad de los españoles del pasado.

En efecto, Castro hacía derivar todo «lo español» de un trauma originario y en todos los sitios encontraba rastros de la cultura «conversa» —a veces, para él, puramente hebrea o semita— y eliminaba lo que no se adecuaba al modelo. Para él, toda la producción intelectual que singularizaba a España salía de aquellas minorías no integradas.

Por su parte, para Sánchez-Albornoz (un historiador profesional de altísimo nivel) existía «continuidad» en la identidad española, alrededor de un *homo hispanus* formado desde la noche de los tiempos, cuyo carácter sobrio se debía al «medio físico», a la sequedad de la tierra (Albornoz, como otros, identificaba España con Castilla). Ello, junto a la herencia moral derivada de las guerras e invasiones con las que este grupo humano había tenido que enfrentarse, explicaría su rudeza, su violencia, su exagerado individualismo.

Pero el mismo Sánchez-Albornoz reconocía que «no hay un arquetipo definido y definitivo de lo hispánico» porque «los estratos diversos de lo español han ido alterándose un poco cada día»; el río de la historia ha ido recibiendo constantes aportes de sucesivos afluentes. Con un peso relativo, eso sí, muy distinto en cada caso. El legado romano, por ejemplo, unió a los hispanos en una misma lengua y cultura y, a la vez, la racionalidad romana y el contacto con un mundo cultural más amplio suavizaron su «apasionamiento», pero no surgió de ahí una nueva «estructura vital».

Los dos, Castro y Albornoz, acabaron haciendo metafísica: «ni hombres ni pueblos pueden vivir [...] sino su propia vida, cualesquiera que sean los climas culturales en que vaya transcurriendo su existir».

Julio Caro Baroja

En *El mito del carácter nacional*, Julio Caro Baroja[3] sitúa la obra de Castro, sin mencionarla directamente, en el contexto del renacer de los estudios sobre el *national character* y según él tales estudios constituyen una «actividad media» entre la ciencia y la literatura. En suma: Caro Baroja considera que todo lo que sea hablar de «carácter nacional» es una actividad mítica:

> La atribución de un carácter *global* a todos los españoles es cosa que se viene realizando desde antiguo aunque sea de maneras diferentes. Sin embargo, puede afirmarse también que en nuestro siglo se ha multiplicado tal clase de caracterizaciones globales, y que incluso de una peculiar teoría dogmática sobre el origen y el modo de ser de los españoles se ha pretendido sacar elementos suficientes para revolucionar toda la Historia de España, o, mejor dicho, para destruir todas las interpretaciones de ella, conocidas hasta el día.

Los trabajos de Caro Baroja acerca de lo castizo, al contrario de los de Unamuno o Castro, muestran su rechazo a conceder entidad sustantiva a las identidades nacionales, más allá de los símbolos patrióticos y de las emociones políticas.

Hasta el final de su vida —nos lo ha señalado Jon Juaristi—[4], Julio Caro Baroja se mantuvo en esa posición. Es decir, que, al margen de criterios políticos, es imposible definir los caracteres nacionales salvo como caracterizaciones arbitrarias.

---

3. Caro Baroja, J.: *El mito del carácter nacional. Meditaciones a contrapelo.* Madrid, Seminarios y Ediciones, 1970.

4. Juaristi, J.: *Espaciosa y triste. Ensayos sobre España*. Madrid, Espasa, 2013.

El último liberal unitario: Ramón Menéndez Pidal

Vuelto del exilio, Menéndez Pidal reanudó sus trabajos y en 1947 la editorial Espasa Calpe comenzó a publicar su *Historia de España*, al frente de la cual el veterano filólogo escribió un texto titulado «Los españoles en la Historia. Cimas y depresiones en la curva de su vida política» que fue, según Juaristi[5], su último manifiesto en pro de su «liberalismo unitario».

Para Menéndez Pidal, el innegable localismo de la vida española, con sus diferencias culturales y lenguas, no deriva de la diversidad étnica ni del paisaje, sino de una «condición psicológica uniforme», el «carácter apartadizo ibérico» que ya resaltaban los autores de la Antigüedad.

Sin embargo, no se podía pedir al liberalismo unitario algo que, evidentemente, caía fuera de su concepción general de los males de la patria. Para Menéndez Pidal, el federalismo contemporáneo habría alcanzado su más alto grado de teorización en Bosch Gimpera. Admite que éste «rechaza el separatismo», pero «defiende el federalismo de Pi y Margall, que triunfó con la II República».

Lo que plantea Menéndez Pidal es una historia nacional de corte hegeliano. El Estado es lo verdadero, no el improbable fondo indígena permanente que Pi y Margall había llamado poéticamente el *pueblo eterno* y que Unamuno había disuelto en su «intrahistoria».

Según Menéndez Pidal:

5. *Ibidem*.

El término *superestructura* (que por cierto hallamos en Carlos Marx) nos pide su complemento obligado: el fondo indígena, reacio a la organización superior, será una «infraestructura» que no puede representar lo perpetuamente natural y auténtico, será siempre algo inferior a la superestructura, la cual, aunque en su origen haya sido algo artificial o impuesto (no lo fue casi nunca), el transcurso de los siglos la convirtió en lo esencial, auténtico y nativo.

La supuesta diversidad étnica no es más que el resultado de la disgregación de las estructuras unitarias, y no representa —siempre según Menéndez Pidal— pujanza alguna del fondo primitivo, sino la simple fragmentación de la nación histórica:

> Federalismo, cantonalismo y nacionalismo modernos vienen ellos por sí a destruir la unidad multisecular y no logran estabilizarse; lejos de representar la España auténtica, no responden sino a un momento anormal y transitorio, desmayo de las fuerzas vitales que no puede prolongarse sin grave peligro. Aparecen, como una enfermedad, cuando las fuerzas de la nación se apocan extremamente, pues toda enfermedad consiste en el autonomismo de algún órgano que se niega a cooperar al funcionamiento vital unitario del cuerpo.

El recurso a la metáfora clínica fue sin duda uno de los motivos que impidieron que la tesis de Menéndez Pidal prosperara en los medios universitarios, que ya se habían vuelto hostiles a todo lo que sonara a organicismo, inclinándose de modo resuelto por las interpretaciones en clave económico-social. Incluso los discípulos falangistas de Menéndez Pidal, como José Antonio Maravall, optaron por esa nueva vía.

Hacia una nueva concepción de la Historia. Vilar y Vicens Vives

Durante los últimos años del franquismo aparecen en la historiografía catalana dos nombres señeros: Pierre Vilar y Jaume Vicens Vives. El primero publicó en 1962 su obra magna *Cataluña en la España moderna*, donde señaló que existía un sometimiento de la región más rica por el resto de España, más empobrecido. Vilar no pretendía ninguna finalidad nacionalista, pero contribuyó a reactivar el debate sobre la identidad.

Jaume Vicens Vives (1910-1960) se había formado con Antonio de la Torre, quien le condujo hacia el rigor metodológico. Sus primeros trabajos fueron en torno al inicio del siglo xv y escribió sobre Juan II de Aragón, Fernando el Católico y la revuelta de los *payeses de remensa*. Todos esos estudios, aparecidos en los años de la II República, significaron su alejamiento de la historiografía catalanista. Por eso Rovira i Virgili, que había escrito en el decenio anterior una *Història nacional de Catalunya*, denunció, aludiendo a Vicens, la falta de «sensibilitat catalanesca» en «la joventut intel.lectual catalana».

La Guerra Civil cogió a Vicens en Barcelona y al terminar la guerra fue depurado y separado de la Universidad. Por entonces, paradójicamente, publicó varios artículos sobre geopolítica, en los cuales escribió acerca del «espacio vital», «lugar geográfico donde se produce la fusión del pueblo con el suelo y se desenvuelven las energías y la tensión política del Estado». También defendió por entonces el imperialismo hispanoportugués, llegando incluso a escribir que la situación bélica (Segunda Guerra Mundial) podría reactivar el «sistema hispano del siglo xvi», lo que significaría una alianza Alemania-Italia-España. En esa misma línea, publicó en 1940 *España. Geopolítica del Estado y del Imperio*, un trabajo que, según él, debía «contribuir a la íntima comprensión de esta España que resurge ante nuestros ojos con su temple y sus características ancestrales». Poco después, en 1944, publicó *Mil figuras de la historia*. Allí destacaba el papel histórico de los «grandes hombres», entre los que figuraban José Antonio, Franco y los papas recientes. En 1946 publicó *Rumbos oceánicos*, un encargo editorial, donde evocó las «gestas gloriosas» de los navegantes hispánicos de los siglos XV y XVI; la obra, más literaria que historiográfica, le sirvió para ganar el Premio Virgen del Carmen de 1947. En aquel año (1947) los franquistas debieron de pensar que Vicens ya estaba completamente depurado y dejaron que ganara la cátedra de Historia en la Universidad de Zaragoza.

Fue en 1950 cuando Vicens dio un giro copernicano a su carrera. Acudió a un congreso en París, donde conoció a Arnold J. Toynbee y sobre todo a los miembros de los Annales Fernand Braudel y Lucien Febvre, quienes, al parecer, le convencieron de abandonar las retóricas imperiales y la metafísica sobre el «ser» español o el «ser» catalán. El giro de Vicens hacia el rigor histórico se hizo visible en 1951 cuando, al presentar la revista *Estudios de Historia Moderna*, dijo:

> Debemos aceptar las consecuencias de los hechos históricos, y rehusar toda actitud batallona ante el pasado. La beligerancia frente a la Historia debe reservarse al político o al santo. Como científico, el historiador no pretende enmendar los sucesos históricos, sino comprenderlos en su totalidad [...] La Historia es la Vida, en toda su compleja diversidad. No nos sentimos, por tanto, atados por ninguna prevención apriorística ni de método, ni de especulación, ni de finalidad [...] Intentamos captar la realidad viva del pasado y, en primer lugar, los intereses y las pasiones del hombre común [...] En la Historia es un factor importante la lucha por la distribución de las rique-

zas morales y materiales [...] La Historia debe definir las sucesivas mentalidades del pasado.

En aquella presentación se pronunció también contra el «ensayismo filosofante» y se distanció abiertamente de debates como el librado entre Castro y Albornoz, basados, según él, en una metodología anticuada, teorías abstractas y visiones unitarias de la cultura peninsular. Había que quitar, decía, la historia de las manos de «eruditos y aficionados», gente entusiasta pero sin «preparación técnica» y sometida a «ideologías preconcebidas». A partir de ahí emprendió una tarea ingente, que acabó ejerciendo una influencia sin par en la evolución de la historiografía catalana y española.

Al final del franquismo, los historiadores españoles, incluidos los catalanes, habían abandonado «esencias», «patrioterismos», «mitos» y cualquier otra manipulación para dedicarse a su hermoso oficio: analizar y narrar el pasado con rigor y buena fe. La racionalidad pareció imponerse definitivamente, pero mitos y esencias iban a renacer precisamente donde Vives había realizado su mejor labor, en Cataluña.

En 1976 se publicó el primer número de la revista *L'Avenç*. La práctica totalidad de su consejo asesor estaba compuesto por profesores universitarios de Historia: Rafael Aracil, Albert Balcells, Josep Benet, Josep Fontana, Ernest Lluch, Joaquim Nadal, Borja de Riquer, Jaume Sobrequés... El objetivo de aquella revista, en palabras de Josep Fontana, era «atender las demandas populares e insertar la historia en la práctica social [...] Nuestra tarea más inmediata y urgente, aquella que ha de responder a las primeras demandas sociales que nos lleguen, será la de restituir a nuestro pueblo la visión histórica nacional que le ha sido negada desde 1939».

Se trataba de «aprender a hacer una *historia nueva*», y por si hubiera alguna duda de lo que aquello significaba, Fontana añadió: «Contra la historia *científica*, entendida en el sentido de *neutra e imparcial*, hay que propugnar una historia *política*, objetiva pero partidaria».

Juan Carlos Girauta ha descrito así aquella apuesta identitaria[6]:

> Desde aquel momento, las élites intelectuales y los estudiantes universitarios serán alimentados en Cataluña, Valencia y Baleares, y aun en la francesa *Catalunya Nord*, por un cuerpo de doctrina que incluye, de entrada, el concepto de *Països Catalans*. Tal es la nación de la que hablan, sobre la que escriben, para la que se disponen a «hacer una *historia nueva*», y poco importa que nunca hubiera existido una entidad llamada *Països Catalans*. Otros historiadores escribieron y escriben acerca de una inexistente *Confederación catalano-aragonesa* y, según ellos, las raíces de Cataluña como pueblo, con su unidad de territorio y de gobierno, se adentran en los siglos de la edad media.

A partir de entonces la mayor parte de la Historia que se escribe y se enseña a los muchachos en Cataluña volvió a ser una historia mítica, es decir, ideológica y mentirosa. Lo cual, por suerte para la Historiografía española, no ocurría en el resto de España, y ello le ha permitido al joven diplomático español Juan Claudio de Ramón escribir hace poco tiempo las siguientes palabras, que son, a mi juicio, clarificadoras:

> Los nacidos en democracia fuimos educados en una visión irónica de las naciones. Al menos, de la nación española. Yo no digo que el

---

6. Girauta, J. C.: «Añoranza de Cataluña». *La Ilustración Liberal*, n.º 25.

nacionalismo español no exista; digo que no lo he conocido. Mis libros escolares —magníficos manuales de la editorial Vicens-Vives, que aún consulto— eran siempre ponderados y dejaban poco margen al estremecimiento telúrico. No menos sobrios eran mis maestros: la batalla de Covadonga fue una pelea a pedradas; el Cid, un mercenario; la Conquista, una gran empresa con no pocas sombras y la Guerra de la Independencia una buena bronca por una mala causa. Una educación descreída que, sumada a la irritación que seguía produciendo la España franquista, y la construcción europea, nos convenció de que las identidades nacionales eran cosa del pasado. El problema era que en otras partes del país el proceso era el contrario. Si en Madrid nos preguntábamos sobre el alcance de la unión dinástica de los Reyes Católicos, en Barcelona se celebraba, sin empacho ni sonrojo, el milenario de la nación catalana. Si para los políticos capitalinos acudir al desfile del 12 de octubre era un «coñazo» (Rajoy *dixit*), para el *establishment* del Principado santiguarse ante la estatua de Rafael Casanova, héroe improbable y mártir imposible, era acto solemne y aduana patriótica. Una especie de derecho de crédito generado durante la dictadura facultaba al nacionalismo catalán a empapuzar de «identidad» a sus administrados. Mientras unos nos hacíamos agnósticos, otros entraban en religión. Por eso hay un museo de historia nacional en Barcelona y no en Madrid. Por eso el complejo político-mediático catalán se permite truculencias retóricas que no se toleran en la capital. Por eso se condena rutinariamente la catalanofobia, y rara vez la rampante hispanofobia. El agnosticismo cundió con fuerza en la izquierda, que durante décadas se ha esforzado por mantener vigente el marco mental del antifranquismo, en el que se siente a gusto. España es un concepto de derechas. No me pregunten por qué. Lo que sí sé es que al alentar la sospecha de que la derecha democrática española es criptofranquista, la izquierda ha hecho un favor impagable al separatismo.

El esencialismo catalán: de Bofarull a Prat de la Riba

Partiendo de los primeros juegos florales, a finales de los años cincuenta del siglo XIX, la Renaixença (así se llamó el movimiento) trató de importar los fenómenos nacionalistas que el romanticismo, para desgracia de los europeos, había extendido por toda Europa. Los autores de la Renaixença pusieron en el primer plano de sus reivindicaciones la lengua (salvo alguna poesía durante los años treinta de aquel siglo XIX, en Cataluña se publicó poco en catalán). Ese cambio lingüístico a favor del catalán tendría a la larga una importancia capital, pues iba a convertirse en el palo del pajar del nacionalismo: «No diexis morir la lengua si vols que visca la patria; honra ton bressol y honrarás ta bandera»[7], diría Lluís G. de Pons en el discurso con el cual inauguró *els Jocs Florals* de 1861. Como observa Pere Anguera[8], de quien hemos tomado esta cita, que se mencionen patria y bandera tampoco debe llamar a engaño, ya que entonces todo seguía aún inserto en la mitología españolista: «Fes gran a la provincia y faràs a la nació més gloriosa»[9], decía también Pons en el citado discurso refiriéndose a Cataluña como provincia y a España como nación.

Los *Jocs Florals* no sólo enaltecían la lengua catalana, también el contenido de los poemas versaba sobre la historia catalana. Una historia medieval e idealizada. Aquellos mitos históricos catalanes se ligaban a «la libertad perdida», pero aún primaba la «doble fide-

7. «No dejes morir la lengua si quieres que viva la patria; honra tu cuna y honrarás tu bandera.»

8. Anguera, Pere: *Españolismo y catalanidad en la historiografía catalana decimonónica.* Hispania, LXI/3, núm. 209. 2001.

9. «Haz grande a la provincia y harás a la nación más gloriosa.»

lidad» o el «doble patriotismo» que ya Fradera había propuesto a mediados del siglo XIX. La patria era Cataluña, pero la nación era España. Se enaltecía lo catalán, acompañado de denuncias sobre la castellanización o desnaturalización de la lengua y las costumbres, pero el espacio político y el sujeto ideal seguía siendo lo español. Así, en 1876, Enric Claudi Girbal explicó que

> Plena de glòria mes gran que la passada, més honesta, más ferma y duradera, la nova Catalunya fa visita a Castella [...] y allí [...] la vençuda per les armes, vencedora pel giny y la força del treball, crida ab veu més forta que les tremontanes: «¡visca, que visca Espanya!», mes ho diu en catalá[10].

Con el paso del tiempo los pensamientos se fueron radicalizando, comenzando, a partir de 1860, con una eclosión de «historias» de Cataluña. Así, entre 1876 y 1878, Antonio de Bofarull y Brocá (1821-1892) publicó en nueve volúmenes su *Historia crítica, civil y eclesiástica de Cataluña*. Por primera vez, se quería superar el romanticismo literario, pero en la obra de Bofarull es Cataluña la única protagonista de un texto que no renuncia al tono reivindicativo, pero que sigue navegando entre dos sentimientos: el catalán y el español.

Antonio de Bofarull fue archivero del ACA (Archivo de la Corona de Aragón) y en 1872 ya había publicado *La confederación catalano-aragonesa*. Este término se generalizó, levantando las protestas de los historiadores aragoneses, pero es que Antonio estaba empa-

10. «Llena de gloria mayor que la pasada, más honesta, más firme y duradera, la nueva Cataluña visita a Castilla (...) y allí (...) la que ha sido vencida por las armas, vencedora por el ingenio y la fuerza del trabajo, grita con voz más fuerte que las tramontanas: "¡viva, que viva España!", pero lo dice en catalán.»

rentado con Próspero de Bofarull y Mascaró (1777-1859), quien también fue archivero de la Corona de Aragón.

El historiador José Luis Corral[11] nos ha contado que Próspero Bofarull, quien había escrito un libro sobre los condes de Barcelona, publicado en 1836, tenía en su mano fondos documentales fundamentales para la historia de la Corona de Aragón y cuando pretendió demostrar que la conquista del Mediterráneo por la Corona de Aragón había sido «una empresa catalana» manipuló tres registros del ACA (Cancillería, núms. 4, 5 y 6), suprimiendo o tergiversando aquellos nombres de pobladores que no coincidían con su planteamiento. Si algún documento no convenía a sus tesis pancatalanistas, lo eliminaba y a otra cosa. De esta guisa, suprimió del reparto de la ciudad de Valencia los nombres de los repobladores aragoneses y navarros para enfatizar la presencia de catalanes y aumentar así el porcentaje de estos últimos.

Ya en el último cuarto del siglo xx los trabajos de Antonio Ubieto y Amparo Cabanes, entre otros, han desmontado la burda manipulación de los Bofarull, concluyendo que la presencia de aragoneses y navarros representó el 66 % de los nuevos repobladores de Valencia a mediados del siglo xiii.

Corral también atribuye a Próspero de Bofarull «la desaparición» del primer testamento de Jaime I y para afirmarlo se apoya en el ya citado Antonio Ubieto, quien dejó escrito que «a mediados del siglo xix en el Archivo de la Corona de Aragón se suprimió y quemó cuanto hizo falta».

Desde que Próspero de Bofarull y Antonio de Bofarull manipularan la historia de la Corona de Aragón —siempre según Corral—

11. Corral, J. L.: *La corona de Aragón. Manipulación, mito e historia*. Doce Robles. 2014.

han sido muchos quienes los han seguido. En efecto, durante siglo y medio se han acuñado términos tan falsos como *confederación catalano-aragonesa*, *Corona catalano-aragonesa*, *reyes de Cataluña*, *condes-reyes*, *Países catalanes*..., y otras muchas manipulaciones parecidas.

En manos nacionalistas, esas manipulaciones han llegado hasta hoy. Por ejemplo, en la *enciclopèdia.cat*, se habla de la «Corona catalano-aragonesa», a la que se define como un «Estado llamado también modernamente unión o confederación catalano-aragonesa que se desarrolló en los *Países catalanes* y Aragón entre los siglos XII y XVIII».

Según esta manipulación, la «confederación» fue originada por la unión dinástica de Cataluña y Aragón en 1137 con Alfonso I de Cataluña-Aragón. La verdad es que ni la Corona de Aragón fue un «Estado» (la configuraron varios), ni jamás existió una «confederación catalano-aragonesa». Tampoco existieron unos «Países catalanes». Se trata en verdad de un invento ideológico moderno. En 1137 no se unieron dinásticamente Cataluña y Aragón (los que se unieron fueron el reino de Aragón y el condado de Barcelona), y no existieron «condes-reyes» (sino reyes que también fueron condes o marqueses o duques o señores).

Antes de las obras de los Bofarull, ya Víctor Balaguer había recopilado (en 1858) «unos ligeros estudios hijos de convicciones políticas profundamente arraigadas en mi corazón». Allí establece un vínculo entre las propuestas progresistas y la tradición histórica, centrándose en la libertad constitucional, ya que «la antigua Cataluña (...) ofrece al observador político un manantial inagotable (...) en sus glorias municipales y en sus costumbres constitucionales y parlamentarias (...) sobra de argumentos, tan lógicos como indestructibles, (...) en favor de mis ideas».

El libro gira, en efecto, en torno a esas ideas. Según Pere Anguera, Balaguer ponía a Cataluña como ejemplo de país con libertades históricas donde el despotismo era desconocido hasta que «llegó de Francia un ejército a imponernos un rey extranjero» (Felipe V). Balaguer aseguraba que hasta entonces «teníamos reyes que reconocían públicamente los límites de su autoridad, y se envanecían de no tener las facultades omnímodas de otras soberanías (...). No es extraño, con reyes como éstos y con instituciones como las antiquísimas nuestras, que Cataluña alcanzase el esplendor y brillo que patentiza la historia, perdiéndolo todo el día que perdió su libertad». Con la victoria de Felipe V «el ángel de su independencia oculta el rostro entre sus alas y huye al cielo, perece su libertad, y entonces empieza a languidecer».

Ocho años después de haber escrito estas palabras, inspirándose en las luchas por la unificación italiana, Balaguer afirmaba que «forman o deben formar una nacionalidad todos aquellos grupos que tienen una misma lengua, un mismo origen y la conciencia de lo que son».

Poco después, en 1860, Balaguer publicó el primer volumen de su *Historia de Cataluña y de la corona de Aragón*, «escrita para darla a conocer al pueblo, recordándole los grandes hechos de sus ascendientes en virtud, en patriotismo y armas, y para difundir entre todas las clases el amor al país y la memoria de sus glorias pasadas». En 1858 Lluís Cutchet, amigo y correligionario político de Balaguer, publicó un estudio histórico[12] que sustentaba las mismas tesis.

En 1876 Enric Claudi y Girbal manifestaba que «Catalunya será sempre per a sos naturals la vera patria» [Cataluña será siempre para sus naturales la verdadera patria], pero a renglón seguido escribía que «sos fils defensaran com un sol home la integritat (de España) fins a pérdrer la última gota de sanch de sas venas» como lo hicie-

12. Cutchet, L.: *Cataluña vindicada*. Barcelona, 1858.

ron en el «Bruc y Girona». Identificaba, pues, a Cataluña como «la vera patria», para sostener inmediatamente la indisolubilidad de España. Según él, era dentro de España donde debían marcarse los elementos diferenciales.

También la historia le sirvió a Josep Lluís Pons en 1878 para mostrar que Cataluña era la patria y «aqueixa patria no es una ficció del nostre temps: ben senyalada la deixà lo rey Jaume I rallant ab la punta de sa espasa les ones de la mar desde Salou fins a Mallorca y de Mallorca fins a les salzeredes del Turia. La patria catalana fou, és y será un fot historich, y la germandat entre sos filis un parentiu que no s'esborra»[13].

En 1879 el republicano Gonçal Serraclara, empujado por un «desfogue patriótico», quiso «recordar los meus», haciendo una importante precisión: «no precisament a tots los espanyols a qui com germans hem de estimar, sino particular y esclusivament ais catalans entréis qui he nascut, he viscut y vul morir»[14].

Por su parte, Antonio Aulèstia publicó entre 1887 y 1889 una *Historia de Cataluña* en dos volúmenes, donde Cataluña era el protagonista exclusivo.

Militante de la Associació Catalanista d'Excursions Científiques y de la Unió Catalanista, Aulèstia concibió su obra como una aportación didáctica y útil para la tarea de recuperación de la «persona-

13. «Esa patria no es una ficción de nuestro tiempo: bien señalada la dejó el rey Jaume I marcando con la punta de su espada las olas del mar desde Salou hasta Mallorca y de Mallorca hasta las Salzeredas del Turia. La patria catalana fue, es y será un hecho histórico, y la hermandad entre sus hijos un parentesco que no se borra.»

14. «No precisamente a todos los españoles a los que como hermanos debemos querer, sino particular y exclusivamente a los catalanes entre los que he nacido, he vivido y quiero morir.»

lidad catalana»: «ponderant lo que teníam y lo que hem perdut, és com s'ha reanimar en las generacions actuals aqueix esperit (...) que tendeix a reintegrar a nostra terra en la plenitud de sos drets y de son cabal»[15].

Joan Permanyer y Ayats, en 1891, después de repasar la evolución del pensamiento catalán, sostuvo que la recuperación catalana aún no había finalizado. Permanyer manifestaba su voluntad de construir una Cataluña que fuera más allá de la pura descentralización:

> Lo que'ns falta es poder llegir en lo Llibre del porvenir escrit per la má de Deu si vindrá per vía natural y pacífica ó ab estremituts convulsivas lo dia que s'acosta. Tancats dins lo limits de las imperfectas facultats humanas, consolemnos, donchs, sabent que l'hora de la Uibertat es arribada, que prompte los catalans tornarém á tenir Patria y que Catalunya de nou deixará escritas ab lletras d'or novas gestas gloriosas en lo Llibre de la Historia[16].

Pompeu Gener y Babot (*Peius*) publicó a finales del siglo XIX *Herejías*, donde se caracteriza a los catalanes como indoeuropeos y a los españoles del centro y del sur como semitas, más en concreto, árabes, con la valoración que aquello suponía en la época.

---

15. «Ponderando lo que teníamos y lo que hemos perdido, es como se ha de reanimar en las generaciones actuales ese espíritu (...) que tiende a reintegrar a nuestra tierra en la plenitud de sus derechos y de su caudal.»

16. «Lo que nos falta es poder leer en el Libro del porvenir escrito por la mano de Dios si vendrá por vía natural y pacífica o con estremecimientos convulsivos el día que se acerca. Encerrados dentro de los límites de las imperfectas facultades humanas, consolémonos, pues, sabiendo que la hora de la Libertad ha llegado, que pronto los catalanes volveremos a tener Patria y que Cataluña de nuevo dejará escritas con letras de oro nuevas gestas gloriosas en el Libro de la Historia.»

El joven (tenía veinticinco años) Norbert Font y Saguè, dedicado a la propaganda nacionalista, publicó, ya en 1899, su *Historia de Catalunya*, que se abre con la prehistoria y concluye con una referencia a la Exposición Universal de 1888. Dos terceras partes de la obra están dedicadas al periodo que va desde la llegada de los árabes a la muerte de Fernando II, mientras que el siglo XIX sólo ocupa nueve páginas del libro.

En 1899 el doctor Bartomeu Robert, alcalde de Barcelona, pronunció en el Ateneo una conferencia sobre tipos craneales e índices cefálicos catalanes y españoles que hoy nos haría reír, pero aquéllos eran tiempos en los cuales las patrañas de Lombroso aún estaban de moda.

A falta de señales físicas diferenciadoras, la lengua se fue convirtiendo en la principal seña de identidad. Fue entonces cuando el castellano comenzó a verse como una lengua intrusa, impuesta.

En 1882, Valentí Almirall publicó *L'Espagne, telle qu'elle est*, donde se lee que Castilla y Andalucía, «cargadas de sangre semita», se caracterizaban «por su espíritu soñador», «su predisposición a generalizar, por su afición al lujo, a la magnificencia y a la ampulosidad de las formas»; mientras que un segundo grupo, el vasco-catalano-aragonés, tenía un espíritu mucho más práctico, un «ingenio analítico y recio» que iba «directo al fondo de las cosas, sin pararse a pensar en la forma»; había que acabar con la «preponderancia y dominio exclusivo» de los primeros de estos grupos para mejorar el país.

Como se ve, Almirall, muy en la línea del esencialismo español que se ha descrito más arriba, no hacía historia, sino metafísica y dentro de ese esencialismo de la patraña y del tópico se inscriben otras muchas publicaciones «catalanistas».

Los mitos medievales pronto dieron paso a la mitificación de los episodios conflictivos con la monarquía hispánica, y muy especialmente del sitio y la caída de Barcelona el 11 de septiembre de 1714. La ofrenda ante la estatua de Rafael Casanova se empezó a celebrar (dentro del Ayuntamiento de Barcelona) el año 1901, olvidando siempre, claro está, que el famoso *conseller en cap* recibió el perdón del rey en 1719 y murió tranquilamente en su casa de Sant Boi de Llobregat en 1743. Más adelante retomaremos este mito de 1714.

El más reconocido ideólogo del catalanismo fue Prat de la Riba, que en 1906 publicó *La nacionalitat catalana*. En esa obra redujo notablemente la ambigüedad habitual del catalanismo, aunque no del todo: Cataluña es la patria, la nacionalidad y la nación, que significan lo mismo. Prat rinde allí tributo al particularismo de Almirall, en el que no obstante ve el mismo fallo que en el federalismo: no establece «quines entitats han de formar Estats petits ni quines s'han de constituir en federació»[17]. A esa indefinición opone las patrias inmanentes muy en la línea del *Volksgeist* de Herder. Prat de la Riba no trata de encontrar un arreglo racional para algo emotivo. Para él no es asunto de federación, de descentralización, ni siquiera de respeto a la lengua o al derecho del país, «és el sentiment de patria catalana. Ser nosaltres, aquesta era la questió. Ser catalans»[18]. En consecuencia, resulta indiferente el sistema político que se instaure en «una Cataluña libre, que podría ser uniformista, centralizadora, democrática, absolutista, católica, librepensadora, unitaria, federal, individualista, estatista, autonomista, imperialista, sin dejar de ser catalana».

---

17. «Qué entidades deben formar Estados pequeños ni cuáles deben constituirse en federación.»

18. «Es el sentimiento de patria catalana. Ser nosotros, ésta era la cuestión. Ser catalanes.»

Aunque Prat piensa que a cada nación le asiste el derecho a constituirse como Estado, él creía que Cataluña no debería hacerlo, pues romper «les grans unitats modernes és obra regressiva» [las grandes unidades modernas es obra regresiva] y estima que una Cataluña independiente, carente de mercados, viviría rodeada por dos vecinos poderosos. Lo ideal sería que Cataluña formase parte de un Estado-imperio como el que ya había pensado Balaguer, también con Portugal y Occitania, un imperio panibérico «de Lisboa al Ródano», cuyo centro de gravedad económico, político y cultural se situaría en Barcelona. Para Prat, el imperialismo es la fase superior y natural del nacionalismo y, según él, puede ejercerse mediante la fuerza, pues, «si someten mediante la guerra a los pueblos bárbaros, realizan "una obra de paz y civilización"». Con todo, según él, la principal fuerza reside en la cultura en sentido amplio y los catalanes ya se estaban disponiendo a esa construcción imperial:

> El arte, la literatura, las concepciones jurídicas, el ideal político y económico de Cataluña han iniciado la obra exterior, la penetración pacífica en España, la transfusión a las otras nacionalidades españolas y el organismo del Estado que las gobierna. El criterio económico de los catalanes en las cuestiones arancelarias ha triunfado hace años.

II

EL CATALANISMO POLÍTICO HASTA LA II REPÚBLICA

El llamado *desastre de 1898* (la pérdida de las últimas colonias ultramarinas) no produjo ninguna reacción especial en Cataluña y menos aún cuando en marzo de 1899 Francisco Silvela formó un Gobierno en el cual el general Camilo Polavieja, que estaba muy bien conectado con la oligarquía catalana, se hizo cargo de la cartera de Guerra y Manuel Durán y Bas, que era el rector de la Universidad de Barcelona desde 1896, de la de Justicia. Esta operación política estuvo apoyada por los empresarios catalanes del Fomento del Trabajo y atacada por el sector intransigente de la Renaixença. Pero este periodo de «buena vecindad» duró muy poco, concretamente hasta que el ministro de Hacienda, Fernández Villaverde, planteó una reforma fiscal sin duda inaplazable, la cual provocó en Barcelona y alrededores una «huelga fiscal».

En abril de 1901, como resultado de la fusión entre Unió Regionalista y la Lliga de Catalunya, nació la Lliga Regionalista de Catalunya. La Lliga era una formación conservadora que no se declaró independentista «por no ponerse fuera de la ley». En las siguientes elecciones celebradas ese mismo año la Lliga obtendría 6 diputados (de los 44 que se eligieron en Cataluña). El catalanismo político se hacía así parlamentario.

Aparte de los 6 diputados catalanistas, obtuvo un escaño un partido que pronto daría mucho que hablar: el que dirigía Alejandro Lerroux, «el emperador del Paralelo». Los restantes 37 escaños se los repartieron los partidos turnantes: el liberal y el conservador.

Claret y Santirso —cuyo libro[19] seguiremos a lo largo de este apartado— nos recuerdan que, como todo nacionalismo, el catalán pretendía disolver la lucha de clases en la unidad nacional dirigiendo los dardos exclusivamente contra el «enemigo común»: España.

Lo mismo opina Enric Ucelay-Da Cal[20], asegurando que la táctica *lligaire* consistió desde el principio en desviar la tensión hacia fuera, hacia el Estado (y en ello siguen hoy los nacionalistas catalanes, añado yo), para evitar enfrentamientos internos. Quizá por eso, en 1905 Duran i Ventosa llegaría a afirmar, no se sabe si en un alarde de cinismo, que Cataluña era un oasis político en Europa. Pero Cataluña estaba muy lejos de vivir en el «paraíso de la tranquilidad». Huelgas y enfrentamientos sociales estaban a la orden del día, lo cual era lógico en una sociedad que, por entonces, era la más industrializada de España.

En las elecciones de 1903 Lerroux se coaligó con Nicolás Salmerón y esa «Unión Republicana» sacó los mismos escaños que la Lliga y nada menos que 35.000 votos en la ciudad de Barcelona. Lerroux obtuvo sus mejores resultados en los distritos más popu-

19. Claret, Jaume y Santirso, Manuel: *La construcción del catalanismo. Historia de un afán político*. La Catarata. 2014.

20. Ucelay-Da Cal, E.: *El imperialismo catalán*. Edhasa. 2003.

lares y periféricos de Barcelona, que eran también los que presentaban las mayores tasas de mortalidad y analfabetismo. Sin duda, el lerrouxismo era entonces el partido más afín al obrerismo y a la pobreza.

Detengámonos un momento en un hecho menor, pero que tuvo consecuencias significativas. El 18 de noviembre de 1905 los catalanistas celebraron un banquete que terminó con el canto de *Els segadors* y con provocaciones a los republicanos de Lerroux, quienes respondieron a tiros y pedradas. Cinco días después, el 23 de noviembre, el semanario nacionalista *¡Cu-Cut!*, siguiendo con la sátira antimilitarista que solía mostrar, publicó una caricatura que los militares consideraron insultante. El número de la revista fue secuestrado por el Gobierno y la noche del 25 de noviembre un grupo de oficiales de la guarnición de Barcelona se acercó a las redacciones del *¡Cu-Cut!* y de otra publicación nacionalista, *La Veu de Catalunya*, y las destrozó. Como consecuencia del ataque se declaró el estado de excepción en la ciudad.

En un artículo celebérrimo, «El alma en los labios», aparecido en *La Publicidad* el 9 de diciembre, Lerroux se puso de parte de los asaltantes «que vengaron a la Patria» y aseguró que si hubiera sido militar y hubiese estado en Barcelona en ese momento «hubiera ido a quemar *La Veu* y el *¡Cu-Cut!*, la Lliga y el Palacio del Obispo, por lo menos». De paso, calificó al catalanismo político de «hijo degenerado de un contubernio monstruoso entre una aspiración romántica y un malestar social». También aseguró que «los castellanos, que forman la tercera parte de esta población, de Barcelona, no se atreven a hablar fuerte en las Ramblas». Declaró, además, que se alegraba de lo ocurrido y «que antes que pactar con esa chusma envilecida por el amor al ochavo, que es la quintaesencia de este regionalismo separatista, estoy dispuesto a rebelarme contra todo el mundo, acompañado o solo». A Lerroux se le ha acusado de muchas cosas, y de casi todas con razón, pero nadie le podrá acusar de no haberle plantado cara al nacionalismo catalán.

Entre estos hechos de 1905 y la Semana Trágica de 1909 la política catalana sufrió rápidas y continuas reagrupaciones.

En el verano de 1909, el Gobierno de Maura llamó a filas a los reservistas para hacer frente a la mala marcha de la guerra en el Rif y no encontró mejor puerto para embarcarlos que Barcelona. Las protestas de los llamados a filas y de sus familias (conviene recordar que entonces sólo iban a la mili quienes no tenían dinero para pagar la «cuota») desataron en la ciudad una oleada de violencia que más tarde recibiría el nombre de Semana Trágica. Los disturbios y las consiguientes represiones se cobraron cerca de 80 vidas y se quemaron más de 100 edificios, la mayor parte religiosos.

En diciembre de 1913 el Gobierno presidido por Eduardo Dato aprobó un decreto que autorizaba la «mancomunidad» de las provincias. Aunque tenía un valor general, aquella «mancomunidad» estaba pensada para las provincias catalanas y Prat de la Riba, el líder de la Lliga, que ya era desde 1907 presidente de la Diputación de Barcelona, presidió la nueva Mancomunidad.

La actividad de la nueva institución, en manos del catalanismo conservador, se ocupó, en primer lugar, de la promoción de la cultura catalana, a lo cual se añadió otro objetivo: mostrar los logros del catalanismo obtenidos mediante una gestión que dejó en evidencia las deficiencias en los servicios que prestaba el Estado. Para ello, la derecha nacionalista no dudó en incorporar a militantes de otras fuerzas políticas cuando tenían una reconocida capacidad técnica. Por eso se unieron al proyecto instituciones tan representativas como el Institut d'Estudis Catalans y jóvenes intelectuales como

Joan Estelrich o Lluís Nicolau d'Olwer. También figuras consolidadas como Pompeu Fabra o Eugeni d'Ors.

Fue aquélla la primera experiencia de autogobierno desde el Decreto de Nueva Planta (1716). La política de Mancomunidad evidenció la deriva de la Lliga hacia un pragmatismo pactista (Prat de la Riba en Barcelona y Francesc Cambó en Madrid), algo parecido a lo que durante muchos años después haría la CiU de Jordi Pujol.

La Lliga se presentó a las elecciones generales de 1916 bajo el lema «Per Catalunya i l'Espanya gran» [Por Cataluña y la España grande]. El catalanismo conservador aparecía así como una fuerza regeneracionista decidida a implicarse en la gobernanza española, apostando por un iberismo que debería estar articulado mediante una federación de los pueblos de la península.

La implicación de la Lliga en este impulso a través de Cambó merece, al menos, una referencia. Como ha escrito Borja de Riquer, fruto de la compleja relación establecida entre Alfonso XIII y Cambó, este último se implicó personalmente en los Gobiernos de 1918 y 1921 como ministro de Fomento y Hacienda, respectivamente. Cambó creía que dentro del Gobierno podría encontrar una solución al pleito planteado por el catalanismo político. Esta convicción debería concretarse mediante un Estatuto de Autonomía. Con este argumento la Lliga obtuvo un gran resultado en las elecciones celebradas en febrero de 1918. El Estatuto fue aprobado en enero de 1919 en Cataluña, pero fue echado abajo de inmediato por el Gobierno en Madrid.

La incoherencia entre la campaña nacionalista a favor de un Estatuto y el apuntalamiento del régimen monárquico facilitó que una parte del catalanismo buscase nuevos nidos al margen de la, hasta entonces, hegemónica Lliga. De esta suerte, a su izquierda surgió el Partit Republicà Català, que agrupaba a personalidades como Francesc Layret, Lluís Companys, Marcel.lí Domingo o Gabriel

Alomar. Aunque su vida fue breve, constituyó el primer intento de articular en un mismo proyecto el republicanismo de izquierdas y el catalanismo obrerista.

Por su parte, la Lliga sufrió la escisión de su ala más catalanista, pues buena parte de las élites formadas durante los años de la Mancomunidad se habían sentido defraudadas por el giro conservador de la Lliga. Importantes sectores de las juventudes del partido, conjuntamente con profesionales e intelectuales catalanistas, como Lluís Nicolau d'Olwer, Antoni Rovira i Virgili o Jaume Bofill i Mates, creaban en 1922 Acció Catalana.

En el campo de las luchas sociales, la neutralidad de España durante la Gran Guerra (1914-1918) diluyó las tensiones, pero el coste de la vida se disparó: en sólo tres años (1914-1917) los precios crecieron en Barcelona casi el 80 %. Tampoco se aprovechó la bonanza para modernizar los equipamientos industriales. Además de que los empresarios pretendieron ajustar sus precios mediante la reducción de sueldos y plantillas. Ya se ve que en este campo no han cambiado mucho las recetas.

Tras la huelga general de 1917, los enfrentamientos sociales continuaron con dureza en las zonas industriales. Desde 1918, la CNT se había organizado en sindicatos de industria en lugar de sindicatos de oficio, una manera de demostrar su voluntad de recurrir a la huelga como táctica reivindicativa y a la huelga general como táctica política. Durante el llamado *Trienio bolchevique* (1917-1920) se vivieron episodios tan relevantes como la huelga obrera de la Barcelona Traction, conocida popularmente como la Canadiense, que era entonces la primera fábrica de España en producción eléctrica. En febrero de 1919, tras 44 días de huelga, que acabó siendo una huelga general que paralizó el 70 % de la industria catalana, los sindicalistas lograron mejoras salariales, la readmisión de los despedidos, la liberación de los detenidos y la promulgación del decreto que fijaba la jornada laboral de ocho horas. La CNT demostraba así su poder y alcanzaba la hegemonía sindical en Cataluña. En 1919 contaba con 427.000 afiliados.

No todo el mundo quedó satisfecho con el acuerdo de la Canadiense. La patronal y las autoridades militares se sintieron irritadas porque lo veían como un mal precedente. El gobernador militar de Barcelona —y futuro ministro de Gobernación durante la dictadura primorriverista—, Severiano Martínez Anido, personificó la dureza represiva que deseaba la burguesía industrial catalana.

La dureza gubernamental (aplicación incluso de la Ley de Fugas) fue enconando la situación social y un cierre empresarial decidido a finales de 1919 afectó a más de 150.000 obreros. El pistolerismo surgió entonces con fuerza en las calles de Barcelona y se produjeron sangrientos enfrentamientos entre los pistoleros de la patronal y sindicalistas armados. Hubo más de 800 atentados con víctimas tan relevantes como Francesc Layret (1920) o en 1923 Salvador Seguí («El Noi del Sucre»). Barcelona recibió entonces, muy merecidamente, el sobrenombre de Rosa de Foc [Rosa de Fuego].

Desbordados por sus extremos, tanto el sueño liberal burgués de construir una cultura cívica como la esperanza obrera de lograr la revolución se neutralizaban mutuamente. Desde la derecha, se planteaba una alternativa que giraba hacia el autoritarismo, mientras que la izquierda se radicalizaba.

Tras la abolición de las Juntas en 1922, el Ejército adoptó una postura unificada frente a las tensiones sociales y al nacionalismo, que acabó cristalizando en el golpe de Primo de Rivera. No fue casual que éste se concretase el 13 de septiembre de 1923, justo dos días después de la celebración de una Diada especialmente accidentada con una manifestación conjunta en Barcelona de nacionalistas catalanes vascos y gallegos que derivó hacia violentos enfrentamientos que se saldaron con 30 heridos.

Primo de Rivera contó en un primer momento con el apoyo de los dirigentes de la Lliga, pues veían en él al salvador de España y Cataluña. Durante la mañana del mismo día del pronunciamiento, Primo había inaugurado una exposición del mueble en Montjuïc. Los rótulos, el discurso del alcalde y de las otras autoridades lo fueron en catalán. Al llegar su turno, Primo de Rivera se complació de ello y llegó a decir que él mismo se hallaba «catalanizado por el cariño que tengo y que he visto que me tiene Cataluña» y finalizó su discurso con un «¡Viva Cataluña!».

Al día siguiente salía en tren hacia Madrid para hacerse cargo del Gobierno y a la estación de Francia fueron a despedirle las autoridades militares, civiles y religiosas, mientras una multitud lo vitoreaba.

Pocos días después, el 18 de septiembre de 1923, Primo firmó un real decreto contra el separatismo, prohibiendo la bandera catalana y el uso del catalán como lengua oficial y obligando a llevar todas las actas de las instituciones en castellano. Los dirigentes de la Lliga descubrían así cómo sus aplausos y su cooperación con el Directorio no iban a incrementar la autonomía de Cataluña. Incluso la Mancomunidad les fue arrebatada y finalmente suprimida el 12 de marzo de 1925.

Según la visión primorriverista, Cataluña estaba enferma de separatismo y sindicalismo y como tal necesitaba ser curada. La represión fue extensa, focalizándose especialmente contra el uso público de símbolos y de la lengua catalana y afectó a todos los estamentos sociales.

La dictadura primorriverista acabó por agotar la paciencia incluso de muchos sectores monárquicos, hasta el punto de que en el horizonte apareció la república como la solución.

Las elecciones del 14 de abril de 1931, las que trajeron la II República, consagraron en Cataluña a la recién creada Esquerra Republicana de Cataluña (ERC) como partido hegemónico. La nueva fuerza había conseguido unir bajo un mismo paraguas a obreros de la CNT y a la pequeña burguesía radicalizada. El triunfo de ERC tuvo lugar, además, en detrimento de la hasta entonces predominante Lliga. Nada más ilustrativo del giro político catalán que los gritos espontáneos de aquella primera jornada republicana: «Visca Macià, mori en Cambó» [¡Viva Maciá, muera Cambó!].

Desde el balcón del Ayuntamiento de Barcelona, Lluís Companys anunció el advenimiento de la República española, y poco después, un Maciá celoso de su protagonismo proclamaba «la República Catalana, com a Estat integrant de la Federació Ibérica» [la República catalana, como Estado integrante de la Federación Ibérica]. El gesto de *l'avi* descolocó al Gobierno provisional de Madrid, que envió a tres ministros: dos catalanes, Nicolau d'Olwer y Domingo, y el socialista Fernando de los Ríos, a reconducir la situación. Finalmente, se optó por recuperar una antigua institución medieval, la Generalitat, convertida en Gobierno autónomo provisional a la espera de un Estatuto.

III

LOS MITOS HISTÓRICOS DEL NACIONALISMO CATALÁN

El 24 de octubre de 1971 el chelista Pau Casals habló en la sede de NN. UU. en Nueva York y dijo lo siguiente:

> Soy catalán, actualmente de una provincia de España. Pero ¿qué fue Cataluña? Cataluña fue la primera nación del mundo. Os diré por qué: Cataluña tuvo el primer Parlamento, mucho antes que Inglaterra; Cataluña acogió los inicios de las Naciones Unidas; todas las autoridades de Cataluña del siglo XI se encontraron en una ciudad de Francia que entonces era catalana para hablar de Paz: ¡en el siglo XI! Paz en el mundo y en contra de las guerras. Eso era Cataluña.

Emotivo discurso, lástima que todo en él fuera falso. Pero así funcionan los mitos.

El compromiso de Caspe

Según los nacionalistas, la agresión más añosa recibida por Cataluña a manos de Castilla se remonta, según esa mitología romántica, al siglo XV y tiene como hito el Compromiso de Caspe (1412), que se produjo a raíz de que Martín el Humano quedó sin descendencia al fallecer su hijo Martín el Joven. La dinastía quedó así sin heredero, lo cual provocó la convocatoria en Caspe de los representantes de los reinos que componían la Corona de Aragón. Los reunidos tomaron la decisión de poner al frente de la dinastía a Fernando de Antequera, entonces regente de Castilla. Fueron Bofarull y Balaguer, ya citados aquí, quienes «descubrieron» el Compromiso de Caspe como «gran agravio» y «una conspiración» contra Cataluña, pero la obra canónica de este mito fue escrita por Domènech i Montaner en un estilo novelado, a la cual tituló *La iniquidad de Caspe* (1930).

Siguiendo a Javier Barraycoa[21], se puede afirmar que la sucesión de Martín el Humano causó estragos en los tres reinos principales de la Corona de Aragón, al aparecer varios candidatos, todos ellos peleados entre sí; y esas discrepancias condujeron a enfrentamientos militares. Todo auguraba un inminente naufragio de la Corona de Aragón cuando Benedicto XIII, el Papa Luna, propuso una solución: convocar a tres representantes por cada Reino (Cataluña, Valencia y Aragón) para que ellos eligieran entre los pretendientes. Entre esos pretendientes estaban Jaime de Urgell; Alfonso, duque de Gandía; Juan, conde de Prades; Luis de Anjou, duque de Calabria; Federico, conde de Luna, y, finalmente, Fernando de Antequera, regente de Castilla. El candidato más «catalán» era Jaime de Urgell, pero fueron los propios catalanes los que no le quisieron. El resto de los candidatos, excepto Fernando de Antequera, tenían pocos adeptos.

De los tres compromisarios catalanes, uno era Bernat de Gualbes, miembro del Consell de Cent de Barcelona, que votó a favor de Fernando de Antequera; el arzobispo de Tarragona, Pedro Sagarri-

21. Barraycoa, J.: *Historias ocultadas del nacionalismo catalán*. Libros Libres. 2011.

ga, también manifestó que el candidato más apropiado era Fernando de Antequera, pero que en derecho estaban igualados el duque de Gandía y Jaime de Urgell y propuso que habría que elegir entre estos dos últimos. De igual parecer fue el otro compromisario catalán, Guillermo de Vallseca. Fernando de Antequera era, sin duda, el más conveniente para mantener la paz en la Corona de Aragón. El triunfo de cualquier otro pretendiente hubiera llevado inmediatamente a la guerra civil en el seno de la Corona aragonesa.

El reinado de Fernando I, el nuevo monarca castellano de la Corona de Aragón, fue intenso. Convocó las Cortes catalanas el mismo año del Compromiso de Caspe y éstas, aprovechando quizá la inexperiencia del rey, le arrancaron privilegios que nunca habían conseguido de otros reyes. Gracias a él, la Diputación General (la Generalitat), que hasta entonces simplemente era un órgano recaudador de impuestos, empezó a tener un sentido político. También ordenó traducir los documentos del latín al catalán. Se puede decir que si la Generalitat es hoy un referente político es gracias a un rey castellano.

Como ha dejado escrito Vicens Vives, «en Caspe no hubo ninguna iniquidad, porque la proclamación de Fernando era la única salida posible al problema planteado».

El mito de Caspe ha perdido vigencia con el tiempo. También el levantamiento de 1640, que comentaremos a continuación, pero siguen vivos otros dos mitos que desgranaremos después: el de 1714 y el de la Guerra Civil (1936-1939).

Los segadores (1640)

El himno oficial de Cataluña se titula precisamente así: *Els segadors*. ¿Pero de qué segadores nos habla y qué Cataluña era aquella «triunfante» que «volverá a ser rica y plena»?

Se trata de un motín campesino y popular provocado por el hambre y por la obligación de alojar en sus casas a los soldados de Felipe IV. El motín tuvo lugar el día del Corpus de 1640 y durante él se sumaron a los campesinos desplazados hasta Barcelona buena parte de las capas populares de la ciudad. Asesinaron al virrey y asaltaron las casas de los miembros de la Audiencia. También los notables de la ciudad sufrieron los ataques de una muchedumbre que gritaba «¡Viva el rey de España! ¡Mueran los traidores!»[22]. La ira popular y los asaltos se extendieron durante bastante tiempo a Vic, Gerona y otros muchos lugares.

En efecto, en diciembre de 1640 el enviado de la Generalitat al Ampurdán escribía a los diputados que no se podían visitar sin soldados los pueblos y villas de Cataluña... «porque en esta tierra todos los que vamos a tratar cosa de la Generalitat, somos, según ellos, unos traidores».

La rebelión política contra Felipe IV lo fue por la minoría dirigente del Principado y no por unos segadores amotinados el día del Corpus. Los ensueños de Pau Claris, presidente de la Generalidad, condujeron a una separación formal de la Monarquía española y a una nueva ocupación. Pau Claris y sus compañeros de aventura se vieron aislados y claramente superados por los acontecimientos. Temerosos de sucumbir a los excesos de la muchedumbre y reacios a rendirse ante las tropas de Olivares, decidieron poner el Principado en manos de Luis XIII de Francia. Un error que no tardaron en lamentar. (Claris moriría en febrero de 1641, tan sólo un mes después de haber proclamado a Luis XIII conde de Barcelona.)

22. Véase García de Cortázar, F.: *Los mitos de la Historia de España*. Planeta. 2006.

Fueron años terribles —informa Fernando García de Cortázar—[23]. La amistad con Francia no trajo consigo ningún beneficio a la sociedad catalana, sino un aumento de cargas exigidas por el Gobierno galo para alimentar a la tropa, con el agravante del deterioro de la guerra y el cierre de los mercados. Tampoco la oligarquía que había jurado fidelidad a Luis XIII pudo sentirse satisfecha con la mudanza, ni mucho menos con la llegada de un virrey y un capitán general franceses tan desdeñosos como Olivares en materia de fueros y más avezados en el control de los recursos económicos. El lamento por la vinculación a Francia comenzó a resonar por todos los rincones desde 1643 y la guerra civil fue una realidad casi desde el principio, pues muchos catalanes no compartieron aquella demagogia que hacía culpable a la corona española de todos los males y colaboraron con el ejército de Felipe IV hasta el final de la contienda, hasta la capitulación de Barcelona en 1652.

En efecto, la guerra supuso un mal negocio para Cataluña, al tener que sufrir los males que los rebeldes de Barcelona trataban de eludir con la separación de Castilla. Pérdidas materiales, muertes inútiles y la visita inesperada de la peste cayeron sobre Cataluña. Por eso la burguesía catalana volvió al redil de los Austrias españoles. Luego, para justificar su sumisión, los notables catalanes se inventarían un rey (Carlos II) «sensible a las libertades sagradas de Cataluña». Hubo lágrimas perennes por la muerte del último Austria. «¿Habéis tenido rey que más os haya amado? No —escribía Dalmases—. ¿Habéis tenido príncipe que más os haya favorecido? No. ¿Habéis tenido monarca que más os haya honrado? No.»

23. *Ibidem.*

…rrota de 1714 y el Decreto de Nueva Planta

La mitificación del 11 de septiembre de 1714 como hito en la historia de Cataluña y jornada en la que se recuerda la pérdida de un pasado constitucional frente a una monarquía absolutista nació, como ya se ha visto, con la Renaixença a finales del siglo XIX.

El 11 de septiembre de 1891, un pequeño grupo de simpatizantes de la Unió Catalanista organizó el primer acto ante la estatua del *conseller en cap* Rafael Casanova. Con los años, esta celebración se ha convertido en tradición. La elección de la fecha tuvo en su origen notables detractores dentro del catalanismo político, como Prat de la Riba, que la consideraba símbolo de la decadencia nacional, o Pere Coromines, que se negaba a mitificar la defensa de un modelo político monárquico.

En cualquier caso, el dramatismo y los sufrimientos que provocaron el cerco y asedio de Barcelona son incuestionables. El asedio duró un año y tres meses en una ciudad que ya había sufrido sitios hacía poco tiempo. En efecto, durante 1697 fue asediada y tomada por los franceses. En 1705 la tomaron los austracistas, después de lanzar sobre la ciudad más de 6.000 bombas. En abril de 1706 fue otra vez sitiada, esta vez por los borbónicos, que no pudieron tomarla.

El incuestionable patetismo de aquel sitio y del consiguiente asalto no autorizan, sin embargo, un relato maniqueo como el montado por el nacionalismo catalán. ¿Qué ocurrió realmente?

Aquella batalla formó parte de una guerra no entre españoles y catalanes, sino que fue producto de una lucha sucesoria, tras la muerte de Carlos II en 1700, entre los borbónicos, partidarios del duque de Anjou (nieto de Luis XIV de Francia y futuro Felipe V), y los partidarios de Carlos de Habsburgo.

Del lado de Carlos se alinearon austriacos, británicos, holandeses, portugueses y dentro de España buena parte de la Corona de Aragón —Cataluña incluida—, aunque las autoridades catalanas habían mostrado en un inicio fidelidad al duque de Anjou, que era quien figuraba como heredero en el testamento del Hechizado (así se denominó a Carlos II). Que esto es verdad lo demuestran los elogios que recibió el pretendiente Borbón cuando viajó a Barcelona para satisfacer las aspiraciones catalanas y se casó con su primera esposa en el monasterio de Vilabertrán (Gerona).

No es cierto que los catalanes fuesen todos austracistas y los castellanos borbónicos, pues catalanes y castellanos los hubo de ambos bandos. En 1705, tras la toma de Barcelona por los austracistas, abandonaron la ciudad varios miles de partidarios de Felipe V para refugiarse en Francia o pasarse a tierras borbónicas del resto de España y los «borbónicos» que se quedaron en Cataluña sufrieron muchas represalias.

Por otra parte, muchas autoridades castellanas fueron austracistas y en Cataluña hubo comarcas enteras que se destacaron por su borbonismo, como Cervera, Berga, Centelles, Ripoll, Manlleu y la limítrofe Fraga.

En 1711, en plena guerra, el pretendiente austriaco, a la muerte de su hermano, el emperador José I, desistió de sus aspiraciones en España y partió hacia Viena, donde sería coronado como Carlos VI. A partir de la coronación, los aliados de Carlos, con los ingleses a la cabeza, no tuvieron otro interés que no fuera el de acabar la guerra y, así, en marzo de 1713 se firmó el Tratado de Evacuación, que determinó el fin de las hostilidades y la salida del territorio español de los ejércitos austracistas.

Poco después y dentro del Tratado de Utrecht se acordó solucionar el «caso catalán» mediante una amnistía, otorgando además a Cataluña los mismos privilegios de que disfrutaba Castilla. El artículo 13 del Tratado lo consignaba así:

> El rey Católico en atención a S. M. Británica, concede y confirma con el presente a los habitantes de Cataluña no sólo la amnistía justamente deseada juntamente con la plena posesión de todos sus bienes y honores, sino que les da y concede también todos aquellos privilegios que poseen los habitantes de las dos Castillas, que de todos los pueblos de España son los más amados del rey Católico.

En Cataluña se convocó una Junta de Brazos (el brazo nobiliario, el real y el eclesiástico) que —con muy escasa presencia de sus representantes— por 78 votos contra 45 rechazó la propuesta que hubiera evitado el sitio y optaron por la resistencia de Barcelona. El brazo eclesiástico, del que sólo asistió la mitad de sus miembros, se inhibió. Quienes decidieron optar por la resistencia tuvieron en contra a personas como Rafael Casanova (que sería elegido *conseller en cap* en noviembre de 1713).

Todos los cronistas señalan que la sociedad barcelonesa vivió a lo largo del año y medio que duró el sitio una experiencia de auténtico delirio religioso. Se crearon Juntas de Teólogos y Consejos de Conciencia formados por el clero más extremista. La culminación de ese clericalismo fue la consulta que hubo en mayo de 1714 acerca de si se entregaba o no la ciudad. Para llevar a cabo la consulta, se decidió solicitar al vicario general, Josep Rifós, que la hiciera vía confesionario, y así, bajo el secreto de confesión, los barceloneses decidieran si seguir o no la resistencia. El resultado, según los confesores, fue seguir la defensa hasta el final y ese final se produjo el 11 de septiembre de 1714.

En 1716 Felipe V firmó el Decreto de Nueva Planta, que según el victimismo nacionalista representó «la muerte de las libertades en Cataluña». Pero según nos ha recordado Jesús Laínz[24], uno de los principales inspiradores de la Nueva Planta fue Francesc Ametller, quien defendió la necesidad de eliminar el Consejo de Ciento, la Diputación del General de Cataluña y el Brazo Militar por tratarse de «asambleas levantiscas e intratables que sustentaron las turbaciones hasta el fin y dirigieron la resistencia armada contra las reales prerrogativas», por lo que «habiendo el Principado de Cataluña, por su obstinada rebeldía y resistencia, perdido sus leyes, constitución, privilegios y prerrogativas, cesó y quedó abolida la planta de Gobierno antiguo, político, económico y militar».

El Decreto de Nueva Planta fue una norma modernizadora para toda España y también para Cataluña. Eso, al menos, era lo que pensaba Vicens Vives:

> Al echar por la borda un pasado con un anquilosado régimen de privilegios y fueros la Nueva Planta de Felipe V fue un desescombro que obligó a los catalanes a mirar hacia el porvenir y los liberó de las paralizadoras trabas de un mecanismo legislativo anticuado.

Para concluir con la refutación del carácter mítico de la derrota de 1714 citaré unas palabras del profesor Ricardo García Cárcel[25], que es hoy catedrático de Historia en la Autónoma de Barcelona:

> 1714 se ha convertido hoy en paradigma de la felicidad perdida, y la Cataluña anterior a 1714 se nos presenta como un mundo ideal que sólo está en el imaginario de la voluntad política distorsionadora de la

---

24. Laínz, J.: *España contra Cataluña. Historia de un fraude*. Encuentro. 2014.

25. García Cárcel, R.: «Los mitos del 11 de septiembre», en *Cataluña en claro*. 2014.

historia. [...] Si algo pone en evidencia la guerra de Sucesión es que hubo muchas Cataluñas y, desde luego, muchas Españas, y que el conflicto nunca fue bipolar (Cataluña contra España, ni España contra Cataluña), sino multipolar y, desde luego, nunca fue el producto de la fatalidad de una naturaleza de diferencias insalvables. Las diferencias, como las similitudes, más que la naturaleza, las construye y deconstruye la historia.

¿Fue la de 1936-1939 una guerra contra Cataluña?

No existe un solo historiador riguroso que sostenga como real el mito de 1714, pero el mito de que la última Guerra Civil se hizo contra Cataluña no se tiene en pie un solo minuto. Bastaría para demostrarlo con reproducir el manifiesto impulsado por Francesc Cambó, quien, tras más de medio siglo de catalanismo militante, puso su fortuna e influencia al servicio de Franco, montando, entre otras cosas, la Oficina Catalana de París, dedicada a defender la rebelión del 18 de julio ante la opinión pública europea. Leamos sólo un párrafo de aquel manifiesto:

> Como catalanes, afirmamos que nuestra tierra quiere seguir unida a los otros pueblos de España por el amor fraternal y por el sentimiento de la comunidad de destino, que nos obliga a todos a contribuir con el máximo sacrificio a la obra común de liberación de la tiranía roja y de reparación de la grandeza futura de España. Como catalanes, saludamos a nuestros hermanos que, a millares, venciendo los obstáculos que opone la situación de Cataluña, luchan en las filas del ejército libertador y exhortando a todos los catalanes a que, tan pronto como materialmente les sea posible, se unan a ellos.

Jesús Laínz nos ha recordado que dentro de España, además de Cambó y Estelrich, también se distinguieron por su apoyo a Franco los escritores Josep Pla y Eugeni d'Ors, el periodista Agustí Calvet, el músico Federico Mompou o el pintor Salvador Dalí. Xavier de Salas i Bosch, Josep Maria Fontana Tarrats, Josep Vergés i Matas, Ignasi Agustí y Juan Ramón Masoliver, *catalanes de Burgos* que fundaron la influyente revista *Destino*, nombre proveniente de la frase joseantoniana «España es una unidad de destino en lo universal».

En la revista *Flechas* colaboraron activamente Valentí Castanys i Borràs, Josep Serra i Massana y José María Canellas i Casals y en el campo musical Antoni Massana i Bertran compuso *¡Arriba España!*, *Despliega tu bandera*, *Dios y patria*, *Elegía azul*, *Cruzados del Señor*, *Marcha Imperial*, *Marcha Fúnebre a los caídos y Cantata a Cristo Rey*, conjunto de obras que, desde el punto de vista propagandístico, le convirtieron en el más destacado músico franquista junto al guipuzcoano Juan Tellería. Estas obras de Massana, por cierto, no aparecen citadas en el artículo que le dedica la *Gran Enciclopedia Catalana*.

Tras la guerra tampoco le faltaron a Franco colaboradores catalanes. Por ejemplo, Joaquín Bau y Nolla, Francisco Serrat y Bonastre, Eduardo Aunós, Demetrio Carceller, Joaquín Planell y Riera, Pedro Gual Villalbí, Laureano López Rodó, Gonzalo Fernández de la Mora, Enrique García-Ramal o Cruz Martínez Esteruelas. Varios de ellos tampoco aparecen en la *Wikipedia* en lengua catalana.

La Guerra Civil encerró muchos enfrentamientos: de clase, religiosos, políticos..., pero nadie en su sano juicio puede sostener que el principal impulso que llevó a la matanza fue el odio que el resto de España le tenía a Cataluña.

Cuando, ya en 1960, el por entonces delegado de la Generalidad en Argentina, Juan Catrecasas, acusó a Franco de ensañarse exclusivamente con los catalanes, Salvador de Madariaga no tuvo más remedio que contestarle lo siguiente:

> La tendencia a presentar el régimen de Franco como opresor de Cataluña y de Euzkadi, como si Andalucía y Castilla, Extremadura y Aragón, no sufrieran tanta opresión como Euzkadi y Cataluña (...) La tendencia a olvidar que el régimen está apoyado y servido por gallegos, vascos y catalanes en cantidad más que proporcional, tanto que el querer representarlo como una opresión de la periferia a manos de Castilla podría fácilmente invertirse, representándolo como una opresión de Castilla por la periferia.

Para concluir con este mito inventado por el victimismo catalán, se recomienda la lectura, en verdad desternillante, de *Catalanes todos*[26], la obra de la que es autor el catalán Javier Pérez Andújar y que repasa con gracia no exenta de sarcasmo las quince visitas triunfales que Franco hizo a Barcelona. «Los verdaderos protagonistas [del libro] son el centenar largo de catalanes fervientes [...], quienes se inclinaban ante el poder del dictador y se beneficiaron directamente de él. [...] Que un tanto por ciento bastante alto de los citados con sus nombres y apellidos en el libro de Pérez Andújar sean de las mismas familias que adornan hoy la *crème* económica y social de Barcelona proporcionan al libro una lección añadida.»[27]

26. Pérez Andújar, J.: *Catalanes todos*. Tusquets. 2014.
27. Pozuelo Yvancos, J. M.: *Abc Cultural*. 24 de junio de 2014.

IV

EL ARRAIGO DEL PENSAMIENTO MÍTICO EN CATALUÑA

He contado la anécdota que sigue en otro lugar, pero, por resultarme personalmente muy elocuente, la repito aquí:

La Academia de España en Roma se aloja en lo que, en tiempos lejanos, fue un convento aledaño a la iglesia de San Pietro in Montorio. Templo edificado, a su vez, en el lugar sobre el cual, según la tradición, fue crucificado san Pedro, una colina en cuya falda, cerca del río, se halla el populoso barrio del Trastevere. En la colina y al lado de la iglesia, dentro del patio del edificio en el cual está hoy la Academia de España, Fernando el Católico encargó al arquitecto Bramante el diseño y la edificación de un *tempietto*. La fama que hoy tiene ese pequeño edificio le viene dada, sobre todo, porque en él ensayó Bramante la cúpula que más tarde se colocaría en la basílica de San Pedro en el Vaticano.

Bramante se llamaba en realidad Donato d'Agnolo y había nacido cerca de Urbino en 1444. Luego trabajó como pintor y como arquitecto en Milán antes de trasladarse a Roma en 1499, precisamente a instancias del rey español. En Roma moriría —en 1514— dejando hechos los planos de la basílica de San Pedro, que él no vería terminada. Aunque la obra pasó a buenas manos, las de Miguel Ángel Buonarroti.

En fin, invitado por la Academia Española en Roma, estaba yo una tarde de Semana Santa oyendo las explicaciones acerca del *tempietto* que nos daba a cuatro o cinco amigos el secretario de la citada Academia. Glosaba en aquel momento una inscripción que hay en el altar subterráneo del *tempietto*. En esta inscripción se lee:

> SACELLVM APOSTOLOR. PRINCI./ MARTIRIO/ SACRVM/ FERDINAND. HISPAN. REX/ ET HELISABE. REGINA CA/ THOLICI. POST.ERECTAM./ AB EIS./ AEDEM. POSS./ AN. SAL M.D.II.

El secretario de la Academia, que es historiador de profesión, llamaba nuestra atención acerca de cómo Fernando de Aragón había querido que se inscribiera sobre la piedra su condición de rey de España. Mientras nuestro amigo hablaba, alrededor de nosotros pululaba una docena de turistas, desentendidos de las explicaciones que estábamos recibiendo..., cuando, de pronto, una mujer, que ya no cumpliría los cincuenta, se encaró a nuestro improvisado guía y con airados modos y en un castellano con perceptible acento catalán le espetó:

—Eso de que Fernando de Aragón era rey de España se lo acaba de inventar usted.

—Señora, lea usted la inscripción —replicó, tan sorprendido como herido, el hombre.

La discusión continuó unos largos minutos y se la ahorraré a los lectores, pero yo saqué en limpio de aquella pelea dialéctica que la mujer no podía aceptar el hecho de que España haya existido jamás como entidad jurídica, política, cultural, social... Para ella, España era una creación de Francisco Franco, una entelequia que habían «inventado los fachas» en el segundo tercio del siglo XX.

¿Era aquélla sólo una salida de tono o respondía a una ideología (y mitología) mucho más amplia? Veámoslo con algún detenimiento.

Estamos ante un contencioso que, como hemos visto, hunde sus raíces en el siglo XIX. Contencioso que tiene como protagonistas precisamente a los nacionalismos. Pero ¿qué significa la palabra *nacionalismo*?

El arranque de todo nacionalismo y su posterior emergencia parten de una concepción ideológica esencial, la de sentirse distinto (y mejor).

Al ser el resultado de un «sentir», la discusión acerca de la pertinencia o no de tal declaración de principios es una pérdida de tiempo. Quien enfatiza la esencia («somos únicos y distintos») pretende creer y hacer creer en una perfecta homogeneidad interna, pero la homogeneidad de cualquier grupo humano, al ser inalcanzable, se convierte en el más débil eslabón de todo proyecto nacionalista. Por eso, si se quiere combatir esa ideología «redentora», nunca hay que aceptar que exista esa homogeneidad. Es una idea que es preciso combatir con el mismo empeño con el que ellos quieren imponerla.

Veámoslo con más detalle en un texto de Jon Juaristi[28]:

> Las identidades etno-nacionalistas no se basan en la posesión de unos rasgos objetivos, sino en el rechazo de la identidad política promovida por la nación-estado. [...] Una comunidad nacionalista no es una comunidad tradicional, sino un sector de la población movilizado contra el Estado. Su identidad se extrae de la movilización misma, y no de realidad alguna preexistente de carácter etnocultural, lingüístico o religioso. [...] Los nacionalismos fabrican un espejismo de identidad mediante una retórica circular e incurren inevitablemente en la tautología: el nacionalismo no reconoce otra identidad legítima que la iden-

28. Juaristi, J.: *Espaciosa y triste*. Espasa. 2013.

tidad nacionalista, cuyo único rasgo verdaderamente definitorio consiste en su oposición a la identidad política promovida por el Estado.

Por las fechas en las cuales visité el *tempietto* de Roma, la profesora Helena Béjar[29] publicaba un trabajo analítico que daba cuenta, entre otras cosas, de cómo estaba el patio dentro del nacionalismo catalán en lo tocante a su arraigo y permanencia. Veamos en primer lugar y de forma resumida la metodología y las conclusiones del estudio de Helena Béjar.

El estudio es de aquellos que reciben el nombre de «cualitativos» y consisten en organizar grupos de discusión sobre temas que el organizador propone y encauza, limitándose éste, la mayor parte del tiempo, a escuchar para interpretar luego lo allí oído. En este caso se organizaron diecisiete grupos de discusión en Madrid, Toledo, Sevilla, Barcelona, San Sebastián y Vitoria, reuniendo tanto a votantes como a militantes de los principales partidos del arco parlamentario, más la entonces ilegalizada Batasuna, con el fin de que produjesen los diversos discursos ideológicos. Cada grupo combinaba tres variables: la adscripción ideológica, la edad y el estatus.

A la autora le interesaba, sobre todo, detectar dos elementos: el nacionalismo como doctrina y el sentimiento de pertenencia. Béjar siguió en el estudio a Ernest Gellner, que entiende el nacionalismo como un principio que sostiene que debe haber congruencia entre la unidad nacional y la unidad política. Es decir, que nación y Estado están hechos el uno para el otro. De ahí que el sentimiento de amor hacia los que son de la propia nación sea algo intrínseco a dicha doctrina. Este componente pasional se encuentra más presente, siempre según Gellner, en las naciones sin Estado. El naciona-

29. Helena Béjar: *La dejación de España*. Katz Editores, Madrid, 2008.

lismo crea las naciones y no al revés. Las naciones no «están ahí» esperando un príncipe azul que las despierte de su triste letargo. Son invenciones de unas manipuladoras élites políticas.

De las opiniones vertidas por los nacionalistas catalanes durante el estudio la autora obtiene unas características de ese pensamiento mítico que son propias de los nacionalistas catalanes. Unos catalanes que en 2008 (año de publicación del libro) ya habían pasado por el cedazo pujolista que mostraremos más adelante.

Las características, fruto de ese pensamiento mítico, se pueden resumir así:

a) *Esencialismo.* «Cataluña es una identidad con raíces y lengua. Ello justifica la conciencia de pueblo.» La lengua hace a quienes la usan miembros de una nación, no es un vehículo para la comunicación, es la expresión de la conciencia nacional. Aceptar el bilingüismo en Cataluña sería aceptar la existencia de identidades complejas y el nacionalismo no está dispuesto a ello; por eso detesta el bilingüismo.

b) *Organicismo.* La nación (Cataluña) es un organismo vivo, personal, con un espíritu y un sentimiento propios e identificables.

c) *Historicismo.* La nación es el producto de una historia antigua cuya «cultura» maltratada se ha bruñido en largas guerras. «Los vascos somos el pueblo más antiguo de Europa.» «El pueblo vasco tiene siete mil años de Historia», repetía Ibarretxe sin que le temblara la garganta al emitir semejante rebuzno.

d) *Autenticidad.* La versión moderna de este valor romántico es el diferencialismo. La diferencia respecto a los otros pueblos de España, como valor supremo frente a lo común.

e) *Victimismo.* Existe una injusticia histórica que ningún acto de expiación por parte de España podrá borrar. Por lo tanto, las demandas de los nacionalistas están condenadas a transformarse, pero nunca a saciarse. La necesidad de un enemigo, España, es la mayor constante en el ideario nacionalista.

f) *El no-reconocimiento de España* es la consecuencia de todo lo anterior. «España no existe», «España no tiene nombre»; por eso se la moteja como *Estado español*, cuando no se la reduce a *Madrid*, el polo del poder transformado en enemigo, quienquiera que sea el que gobierne en ese lugar remoto y ajeno.

Una variante de esa falta de reconocimiento —muy significativa a propósito de lo que aquí se está planteando— es la siguiente: la visión que los nacionalistas tienen acerca del nacionalismo español, al que ven, a la vez, como doliente (siempre quejándose de la pérdida de su antigua grandeza) y autoritario (franquista). De esta guisa, los nacionalistas catalanes consiguen colocar al resto de los españoles entre la espada del franquismo y la pared del silencio o de la negación de su patria. En otras palabras: los nacionalistas plantean la paradoja de una nación, España, que si no se autoafirma demuestra su inexistencia y, si se exhibe, muestra su carácter autoritario (franquista). Ésta es, precisamente, la trampa en la que se halla presa una buena parte de la izquierda española. Una jaula cuyos barrotes es preciso romper, porque —como escribe Helena Béjar— «la izquierda identifica descentralización con progresismo, mientras los nacionalismos convierten a España en una noción retórica».

Béjar llega también a la conclusión de que la izquierda ha pecado de *traición* a los orígenes. Puesto que la izquierda fue antaño internacionalista, hogaño cosmopolita, hacer creer que el nacionalismo es de izquierdas suena a contradicción o a mentira: por eso la postura de Izquierda Unida, apoyando abiertamente a los partidos nacionalistas, así como la política del PSOE de Zapatero son, según Béjar, *anti natura*.

Un participante en uno de los grupos, de extracción social mediabaja (Diego, 48 años, técnico gráfico, IU, Madrid), se manifestaba estupefacto al ver que el nacionalismo «se ha convertido en el tema prioritario en la agenda de los políticos y que el centroizquierda español ha olvidado en su retórica política términos como igualdad o clase social». Tales conceptos no son ya —dice Béjar— sino *categorías zombi* al no estar ni vivas ni muertas y, sin embargo, permanecen en el imaginario colectivo. Con la pérdida de dichas categorías la identidad social de la izquierda catalana se tambalea: «Mi problemática —dice un participante— es que cierren la fábrica, que me despidan y me quede en paro, que la sanidad esté cada vez peor... y no la banderita que lleva cada cual».

El sentimiento de traición a los orígenes deja a los votantes de los partidos de izquierda y de centroizquierda en una suerte de desprotección: «Así que ¿a quién le pido yo que me defienda? ¿A la Asociación de Consumidores?», dice uno de los participantes catalanes.

Un profesor de instituto, también catalán, Alfonso, contó durante una sesión cómo los adolescentes de clases bajas, hijos de inmigrantes, viven en una diglosia, cada vez más extendida, dada la dificultad progresiva de estudiar en castellano a causa de la «inmersión lingüística». Dichos adolescentes se afirman vistiendo chándal con una franja con la bandera española. Por otra parte, esos alumnos han aprendido catalán y lo perciben como el medio esencial para su integración: «En el barrio ellos viven con sus familias y hablan y juegan en castellano. Pero cuando viene el profesor se dirigen a él en catalán; conmigo también lo hacen. Es exactamente lo mismo que sucedía hace cincuenta años con Franco, pero al revés».

Otro participante cuenta cómo se produjo una transformación en su autoidentificación, que renegaba de ciertos signos de españolismo. Abrazó la bandera española durante la celebración de los Juegos Olímpicos en Barcelona, cuando por doquier se veían ostensibles carteles de «Catalonia is not Spain». Entonces, dice, se le cayó «el velo de la inocencia». El acoso moral al sentimiento de pertenencia español entronca con la construcción por parte del nacionalismo catalán de un enemigo: «Madrid, como referente de la España negra y opresora, la de Felipe V y de todos los malos en Cataluña» o «el Estado español asimilado a un territorio ajeno. El nacionalista necesita siempre un espejo donde mirarse y frente al cual reivindicarse. Y eso que Cataluña se supone que es la tierra de la tolerancia, de la acullicia...» (Pepe, 50 años, abogado, votante socialista, Barcelona).

La autora del libro resume su propia posición asegurando que es necesaria una política que reconstruya un nacionalismo español integrador de las identidades duales que afirma poseen la mayoría de los ciudadanos. Sólo el reconocimiento de pertenencia complejo, que también sea español, puede llevar a aceptar la libertad y la diversidad. También servirá para recuperar la solidaridad y el compromiso con un futuro compartido, vinculado con un idioma, una historia y unos símbolos comunes. Es urgente —añade— un debate intelectual y político sobre la conciencia nacional española, que se ha venido hurtando durante decenios.

Para concluir este apartado identitario incluiré una coda delirante. Se trata de un vídeo rodado el 21 de junio de 2013, que fue ampliamente difundido en las redes sociales. En él se recoge una conferencia dada por un señor llamado Víctor Cucurull Miralles, que en aquel momento era miembro del Secretariado Nacional de la Asamblea Nacional de Cataluña (ANC), la «organización cívica» que, bien alimentada económicamente por la Generalidad y otras fuentes nutricias, es la que se ha encargado de montar las «diadas» de 2012 y 2013.

Ante un auditorio que no se ve en la grabación, Cucurull comienza su parlamento así:

Lo que trataré de explicaros es la historia de la nación catalana que nos han robado. Nos la han robado porque han ejercido violencias contra nuestra «nació» hasta apropiarse de nuestra propia historia.

Cataluña, como sabéis, vive una situación de ocupación militar, de colonización cultural lingüística, etc., que dura ya 300 años.

¿Qué diferencia hay entre Catalunya y Castilla?

Hay dos grandes modelos de naciones, las imperialistas y las, digamos, mercantilistas..., los fenicios. Nuestros vecinos los españoles son del primer modelo.

¿Cuál fue la primera nación del mundo?

La nación catalana, ésa fue la primera de las naciones.

¿Cuándo nace Cataluña?

En el siglo VIII antes de Cristo es cuando Catalunya entra en la historia, pero Cataluña ya funcionaba desde hace 2.700 años.

¿Cuál era la capital de la protonació catalana*?*

Tartessos. La famosa Tartessos que están buscando desde hace al menos 150 años allá abajo, en Cádiz. Era la capital de los íberos y está aquí, todavía se llama igual..., Tortosa.

¿Catalunya ha sido alguna vez soberana?

La plena soberanía de Cataluña se produjo de forma casi natural en el año 987. Es cuando comienza la Cataluña soberana y será soberana hasta —ya lo sabéis perfectamente— el 11 de septiembre de 1714.

¿Cuál era la nación más importante del mundo?

Cataluña era la nación más importante desde el último tercio del siglo XV hasta la mitad del siglo XVI. La más importante del mundo.

¿Con quién se puede comparar Cataluña?

No ha habido ningún proyecto político que tuviera una madurez, una modernidad, una radicalidad democrática como Cataluña..., todo lo cual hizo que, prácticamente, los catalanes a fines del siglo XV fuéramos tan importantes en aquel momento como han sido importantes en la segunda mitad del siglo XX los Estados Unidos de América del Norte.

¿Qué país es el precedente de la ONU?

La nación catalana, que se adelantó en siglos al resto de naciones del mundo. Fijaos, la Sociedad Internacional de Naciones se funda en el siglo XX, pues nosotros ya en el siglo XI constituimos la primera Sociedad de Naciones.

¿Qué territorios son Cataluña?

Orihuela (Alicante) es nuestra casa. Oriola es nuestra casa. Y Elche no hace falta decirlo. Y Alicante, por favor.

¿Hubo un Imperi Catalá*?*

Todo lo que era la Magna Grecia, es decir, la expansión de la Grecia clásica. Todo esto era el *Imperi Catalá*.

¿De dónde viene la grandeza de Roma?

Roma no era nada. Roma no empezó a ser la que fue hasta el día que en ella entraron los catalanes.

¿Dónde apareció el primer banco?

Tampoco es extraño que la banca nazca en Barcelona.

¿De dónde era santa Teresa de Jesús?

Santa Teresa sería todo lo santa que queráis, pero no era de Ávila. Nació en Barcelona. Santa Teresa de Jesús era catalana, pero de arriba abajo. Fue abadesa del Monasterio Pedralbes (Barcelona) durante 41 años.

¿De dónde era Cervantes?

El *Quijote* es un libro que originariamente se escribió en catalán.

¿De dónde era san Ignacio de Loyola?

San Ignacio no lo sabemos, pero sí sabemos que tenía que ser una persona de la ciudad de Orihuela (Alicante), no de Loyola. Iñigo es un apellido que sólo se encuentra el los *països catalans*.

¿Qué país descubrió América?

Esa empresa se monta en Cataluña. No en Sevilla, ni en todos esos lugares estrambóticos que dicen ellos (los españoles). No, se hace aquí.

¿De dónde sale el primer viaje de Colón?

El primer viaje sale de Pals, del Ampurdán.

> *¿Por qué se llama América?*
>
> ¿Qué quiere decir América? Américo Vespucio, Américo Despuccio, Américo Despuche... Americ Despuig.
>
> *¿Se habla catalán en América?*
>
> Si fuimos nosotros los que descubrimos América, lo lógico sería que en América... se hablara catalán. El catalán no se ha dejado de hablar en América del Sur, del Centro y del Norte nunca.
>
> *¿Dónde se retiró Carlos V?*
>
> ¿Os acordáis de que el emperador Carlos, cuando abdica, se retira al monasterio jerónimo de Yuste. ¿Cómo se le puede ocurrir al amo del mundo irse —con perdón— al fin del mundo a joderse de asco? No puede ser, hombre. Es imposible. Carlos V se retira al monasterio jerónimo de la Murtra (Badalona).

Y Cucurull, el gran educador de masas, concluye con una traca final inmejorable:

> Cuando nosotros decimos, y esto todavía lo decimos ahora, y yo que soy más independentista que nadie, también de vez en cuando se me escapa decir: «que esto es España». Es que es verdad. Es que esto (Cataluña) es España. Lo que no es España es aquello (Castilla).

Uno puede tomarse todo esto a broma, pero en el vídeo no se percibe ni una sola risa ante la sarta de sandeces que, muy socráticamente, les está contando a sus «alumnos» este inefable «inventor».

V

EL NACIONALISMO CATALÁN EN LA DEMOCRACIA ESPAÑOLA

La II República y el Estatuto de Nuria (1932)

Inmediatamente después de la proclamación de la II República, el 14 de abril de 1931, la redacción del Estatuto se convirtió en una auténtica campaña de agitación «patriótica». La redacción de la propuesta catalana, conocida como el Estatuto de Nuria —un santuario del Pirineo de Gerona—, establecía la oficialidad del catalán y fijaba amplias competencias en materias de hacienda, educación, cultura y orden público, pero el Estatuto tuvo que esperar turno en las Cortes Españolas mientras se redactaba la nueva Constitución.

En las elecciones constituyentes en junio de 1931 se impuso una mayoría de centroizquierda (con el PSOE y Acción Republicana dirigida por Manuel Azaña como partidos más votados) y el debate del Estatuto catalán tuvo lugar en las Cortes republicanas en mayo de 1932. Fue prolijo y profuso (los diputados intervinientes disfrutaron de tiempo ilimitado en sus parlamentos), pero antes de proseguir conviene recordar que este —y otros debates del año 1932— se realizaron con «ruido de sables» de fondo. Un aviso de lo que acabaría por estallar en agosto de aquel año con el levantamiento del general Sanjurjo, que fue sofocado de inmediato.

Como muestra y resumen de aquel debate en las Cortes del que nacería el primer Estatuto de Cataluña traeré aquí algunas citas sacadas de las intervenciones del filósofo José Ortega y Gasset y del presidente del Gobierno, Manuel Azaña[30].

Ortega comenzó su intervención «muy humilde» diciendo:

> Yo no puedo ofrecer otra cosa a la vida pública de mi país que la moneda divisionaria, menos aún, la calderilla de unas cuantas reflexiones sobre los problemas en ella planteados.

Para continuar fijó «la posición» que según él ocupaba aquel debate: «Ahí tenemos ahora a España, toda tensa y fija su atención en nosotros. No nos hagamos ilusiones: fija su atención, no fijo su entusiasmo».

Luego mostró sus opciones:

> ¿Qué es eso de proponernos conminativamente que resolvamos de una vez para siempre y de raíz un problema, sin parar en las mientes de si ese problema es soluble? ¿Qué diríamos de quien nos obligase sin remisión a resolver de golpe el problema de la cuadratura del círculo? [...] Digo esto porque el problema catalán es un problema que no se puede resolver, que sólo se puede conllevar; que es un problema perpetuo, que ha sido siempre, antes de que existiese la unidad peninsular y seguirá siendo mientras España subsista [...] Y así, por cualquier fecha que cortemos la historia de los catalanes encontraremos a éstos enzarzados con alguien, también consigo mismos. Enzarzados en cuestiones de soberanía, sea cual sea la idea de soberanía que se tenga en cada época.

30. Diario de sesiones de las Cortes Constituyentes de la República Española.

> Afirmar que hay en Cataluña una tendencia sentimental a vivir aparte, ¿qué quiere decir? ¿Quiere decir que todos los catalanes sientan esa tendencia? De ninguna manera. Muchos catalanes sienten y han sentido siempre la tendencia opuesta; de aquí la disociación perdurable de la vida catalana [...] frente a ese sentimiento de una Cataluña que no se siente española, existe el otro sentimiento de todos los demás españoles que sienten a Cataluña como un trozo esencial de España.

Ortega expresaba su diagnóstico, a la vez pesimista y metafísico, con estas palabras:

> Yo creo, pues, que debemos renunciar a la pretensión de curar radicalmente lo incurable. Recuerdo que un poeta romántico decía con sustancial paradoja: «Cuando alguien es una pura herida, curarle es matarle». Pues eso acontece con el problema catalán.

El profesor madrileño no quiso concluir sin un toque optimista y lírico:

> La República tiene que ser para nosotros el nombre de una magnífica y difícil tarea, de un espléndido quehacer, de una obra que pocas veces se puede acometer en la Historia y que es a la vez la más divertida y la más gloriosa: hacer una gran Nación.

Ortega volvía así a su tesis de *La España invertebrada*. Lástima que sus deseos fueran laminados, una vez más, por la intransigencia de unos, la deslealtad de otros y la «sangre caliente» de todos.

Por su parte, Manuel Azaña sacó lo mejor de su alma de gran orador para —como presidente del Gobierno— hacer aprobar el Estatuto, partiendo de una idea: aquél era un reto que había que afrontar con patriotismo, con «otro patriotismo» porque

> una gran parte de la protesta contra del Estatuto de Cataluña se ha hecho en nombre del patriotismo, y esto, señores diputados, no puede pasar sin una rectificación. [...] El patriotismo no es un código; el patriotismo es una disposición del ánimo que nos impulsa, como quien cumple un deber, a sacrificarnos en aras del bien común, pero ningún problema político tiene escrita su solución en el código del patriotismo.

Azaña comenzó por enunciar el problema que se pretendía resolver con las siguientes palabras:

> Y por primera vez en el Parlamento español se plantea en toda su amplitud, en toda su profundidad, el problema de los particularismos locales de España, el problema de las aspiraciones autonomistas regionales españolas [...] Estamos delante de un texto parlamentario, que aspira, ni más ni menos, que a resolver el problema político que está ante nosotros.
>
> Cataluña dice, los catalanes dicen: «Queremos vivir de otra manera dentro del Estado español». La pretensión es legítima; es legítima porque la autoriza la ley, nada menos que la ley constitucional [...] Ahora nos encontramos ante un problema que se define de esta manera: conjugar el sentimiento o la voluntad autonomista de Cataluña con los intereses o los fines generales y permanentes de España dentro del Estado organizado por la República.
>
> No se puede entender la autonomía, no se juzgarán jamás con acierto los problemas orgánicos de la autonomía, si no afirmamos que las autonomías no son el extranjero.

Luego se enfrentó a las posiciones de Ortega, que acabamos de recoger, diciendo:

El señor Ortega y Gasset decía que el problema catalán en su fondo histórico y moral es un problema insoluble y que España sólo puede aspirar a conllevarlo. […] ¿Insoluble? Según; si establecemos bien los límites de nuestro afán, si precisamos bien los puntos de vista que tomamos para calificar el problema, es posible que no estemos tan distantes de resolverlo.

Inmediatamente después y aunque Azaña fuera poco dado a las zalamerías, se metió en el halago:

A mí se me representa una fisonomía moral del pueblo catalán un poco diferente de este concepto trágico de su destino […] Esa propensión a lo sentimental, que en vano tratan de enmascarar debajo de una rudeza exterior, ese amor a su tierra natal, esa ahincada persecución del bienestar y de los frutos del trabajo fecundo […] me dan a mí una fisonomía catalana pletórica de vida, de satisfacción de sí misma, de deseos de porvenir.

Incluyó luego una matización «castellana» que creyó imprescindible en aquel contexto:

No puede admitirse por parte de los teorizantes autonomistas el concepto de que Castilla —metiendo en esta expresión no sólo los confines geográficos de una región, sino todo lo que no es región autónoma o autonomizante—; no puede admitirse, repito, el concepto de que esta parte de España ha confiscado las libertades de nadie, ni ha agredido las libertades de nadie.

No obvió tampoco el problema de la lengua y lo abordó con palabras que hoy, a la vista de la deriva del actual nacionalismo, suenan optimistas:

No puedo suponer que los catalanes o los vascos puedan dejar de hablar en castellano, pues la mayor desgracia que le pudiera ocurrir a un ciudadano español sería prescindir del castellano para las relaciones con los demás españoles y para las relaciones culturales, mercantiles, etcétera, con toda América. ¿A dónde va a ir un fabricante catalán, un exportador catalán, un hombre de negocios catalán sin el castellano? ¿Adónde va a ir? A Zaragoza no será.

Por eso defendió la existencia de una universidad única y bilingüe:

Nosotros estimamos que la universidad única y bilingüe es el foco donde pueden concurrir unos y otros; en vez de separarlos hay que juntarlos y hacerlos aprender a estudiar y a estimarse en común.

En aquel momento interrumpió el discurso de Azaña (en las Cortes republicanas era normal que eso ocurriera) el diputado Royo Villanova[31], estableciéndose el siguiente diálogo:

Royo Villanova: Pero ¿de quién va a depender la universidad?
Azaña: Pues de la Generalidad.
Royo Villanova: ¿Quién la va a pagar?
Azaña: Cataluña, ¡quién la va a pagar!
Royo Villanova: Entonces le digo a su señoría que la universidad no será bilingüe, sino catalanista y antiespañola.
Azaña: Pues le nombraremos a su señoría inspector y tendrá muy buen

31. Antonio Royo Villanova (Zaragoza, 12 de junio de 1869 - Madrid, 7 de noviembre de 1958) fue un periodista y político español de ideología derechista, miembro del Partido Agrario, diputado en las Cortes Españolas y ministro durante la II República.

cuidado de que sea bilingüe. Señor Royo Villanova, uno de los mayores errores que se pueden cometer en nuestro país es contraponer a las cosas y sentimientos de Cataluña el espíritu español.

Royo Villanova: Son ellos los que lo contraponen.

A la vista de lo ocurrido después de recuperada la Democracia tras la muerte de Franco y con una Constitución (la de 1978) tan «optimista» como lo fue Azaña respecto al nacionalismo catalán en su parlamento de 1932, contempladas las cosas hoy, en 2014, cabe preguntarse: ¿quién tenía razón en 1932, Azaña o Royo Villanova?

Desgraciadamente, tenía razón Royo Villanova.

El Estatuto de Cataluña, aprobado en las Cortes, fue publicado en *La Gaceta de Madrid* (hoy *BOE*) el 21 de septiembre de 1932. Tras su aprobación, Azaña viajó a Barcelona y el recibimiento fue apoteósico. Así lo reflejaba *La Vanguardia*:

> Con pocos actos semejantes puede compararse la grandiosa manifestación popular de júbilo y de solidaridad ciudadana ofrecida por el pueblo barcelonés con motivo de la llegada del jefe del Gobierno, señor Azaña, de sus ilustres compañeros de Gabinete y de las representaciones parlamentarias.

«¡Ya no hay reyes que te declaren la guerra, Cataluña!», llegó a decir Azaña, llevado de su entusiasmo, desde el balcón de la Generalidad, para añadir: «la Autonomía de Cataluña es una emanación natural de los principios políticos que inspiran a la República».

Tiempo tendría de arrepentirse.

Las amargas palabras que Azaña dedica en sus diarios del final de la guerra a los nacionalistas en general y a los catalanes en particular ilustran mejor que cualquier tratado de Historia «la lealtad» de los nacionalistas con la República y con quien había sido su motor y su mayor protagonista durante aquella andadura que, a la postre, fue un proyecto fallido, uno más. Un proyecto que en la intención de Azaña pretendía llevar a España por la senda de la libertad y de la convivencia democrática.

Las elecciones al Parlamento catalán de 1932 confirmaron la implantación de ERC, que fue el partido más votado en Cataluña. Igual que los demás partidos que resultaron mayoritarios en el resto de España, ERC se vio beneficiada por el sistema electoral entonces vigente y con el 47 % de los votos obtuvo el 75 % de los escaños.

Las peleas internas en ERC se desataron cuando el día de Navidad de 1933 murió Francesc Maciá y, no sin dificultades, el ala más republicana del partido consiguió colocar a Lluís Companys (un abogado sindicalista de la línea de Pi y Margall) de presidente de la Generalidad.

En las elecciones de ámbito nacional celebradas en noviembre de 1933 los resultados en Cataluña fueron continuistas, pero en el conjunto de España fueron muy malos para la izquierda. Ganó el republicanismo conservador (Partido Radical), con Alejandro Lerroux a la cabeza, y también la derecha (la Confederación Española de Derechas Autónomas, la CEDA), que lideraba José María Gil-Robles. La Generalidad quedaba así como un reducto en manos del republicanismo de izquierdas.

En medio de una tensión social creciente (los sindicatos pensaban que el primer bienio republicano había sido demasiado moderado), la CEDA anunció su intención de integrarse en el Gobierno y no limitarse a apoyarlo en el Parlamento. Para el republicanismo y para el PSOE dicha entrada constituía una amenaza para la supervivencia de la República y cuando el 4 de octubre de 1934 el presidente del Gobierno, Alejandro Lerroux, anunció el nombramiento de cuatro ministros de la CEDA, las izquierdas españolas llamaron a la huelga general.

La convocatoria fracasó estrepitosamente excepto en Asturias, donde se produjo un auténtico levantamiento revolucionario que el Ejército tardó dos semanas en sofocar a sangre y fuego.

También en Cataluña la huelga general tuvo consecuencias, pero no las deseadas por sus convocantes, pues no hubo apenas seguimiento porque la CNT no se implicó en ella. Sin embargo, el 6 de octubre de 1934 Companys decidió mantener su compromiso con las izquierdas españolas y saliendo al balcón del Palau de la Generalitat protestó contra la incorporación de la CEDA al Gobierno y rompiendo con Lerroux quebró la legalidad republicana proclamando «l'Estat catalá de la República Federal espanyola» [el Estado catalán de la República Federal española]. Cuando lo anunció la plaza estaba llena, pero pocas horas más tarde allí no había nadie.

Gracias al buen sentido del jefe del Ejército en Cataluña, el general Domènec Batet, la minirrevuelta fue rápidamente abortada y los dirigentes republicanos catalanes fueron detenidos.

Els fets del 6 d'octubre [Los hechos del 6 de octubre] produjeron 70 muertos, algún impacto de artillería contra el Palau de la Generalitat y 3.500 detenciones. También se produjeron escenas esperpénticas, como la huida por las alcantarillas del consejero de Gobernación Josep Dencàs. La Generalidad había errado completamente el tiro y el régimen de excepción en Cataluña se prolongó hasta septiembre de 1935.

Los más de 30.000 presos políticos, la crisis económica que arreciaba y otras evidencias, como el escándalo del estraperlo, fueron creando un clima favorable a las izquierdas republicanas. En Cataluña, el cartel electoral con una foto del presidente Companys encarcelado resultó ser de lo más persuasivo en las elecciones generales de febrero (1936).

A nivel nacional, el Frente Popular resultó ganador en las citadas elecciones de febrero: 278 escaños en las Cortes Españolas del centro-izquierda frente a los 131 de la derecha. En Cataluña el Front d'Esquerres obtuvo el 59 % de los votos y 41 de los 54 diputados elegidos en Cataluña.

La victoria de las izquierdas supuso la salida a la calle de todos los presos y en Cataluña la reposición de la Generalidad. Companys volvió al balcón para decir: «Tornarem a lluitar tornarem a sofrir, tornarem a vèncer» [Volveremos a luchar, volveremos a sufrir, volveremos a vencer].

Así estaban las cosas cuando el 17 de julio de 1936 el Ejército de África puso sus armas contra la República y, tras un golpe militar fallido, comenzó la matanza.

Aunque en estas páginas se obviará lo ocurrido durante la Guerra Civil, sí se reseñará a continuación un episodio porque muchos años después Pasqual Maragall lo reivindicará para avalar su «España plural».

En plena Guerra Civil, Pedro Bosch Gimpera, a la sazón rector de la Universidad de Barcelona (donde era catedrático de Prehistoria), dio una conferencia (septiembre de 1937) en el paraninfo de la Universidad de Valencia con la cual se inauguraba el curso académico 1937-1938. El acto fue presidido por el presidente de la República, Manuel Azaña.

Bosch Gimpera pertenecía a un pequeño partido «federalista», Acció Republicana de Cataluña, y el presidente del Gobierno, Juan Negrín, le había pedido que preparara un discurso que reflejara, al menos, el consenso alcanzado en Cataluña tras los enfrentamientos de mayo (1937) por el «Gobierno de la victoria» y Bosch Gimpera intentó darle a Negrín lo que pedía y antes de pronunciar su discurso también lo consultó con Azaña, quien le dio su visto bueno.

La lección[32] trataba de España, de su identidad, que él reducía a dos concepciones: una, la «ortodoxa», que partía de la «idea dogmática de la unidad y cohesión esencial de España como de un ente metafísico». La segunda se caracterizaba por poner en el primer plano «la diversidad de los pueblos hispánicos», es decir, la pluralidad.

Según Juaristi, Bosch Gimpera partía de algo parecido a una profesión de fe, tácitamente catalanista, en la inexistencia de la unidad nacional de España:

> El único hecho evidente es la unidad geográfica de la península ibérica, la relación entre sus Estados y sus pueblos, la analogía de los elementos étnicos que la componen, así como de los acontecimientos vividos en común y la participación de unos y otros en la formación de determinados valores culturales, no siendo los mismos ni en la misma proporción. Esto crea una solidaridad, una hermandad, una cierta cultura común. Pero no una Nación Unitaria y menos la necesidad de admitir la identificación de determinado pueblo y de determinada cultura con el todo, de ninguna manera [...] Pero ya nadie piensa en negar la variedad española aunque ésta constituye un problema a «conllevar», a menudo con poca satisfacción de ánimo. No sólo ya no se condena nuestra tesis como subversiva, sino que se proclama cordialmente como la única que está de acuerdo con la verdadera tradición y la verdadera realidad española.

32. *Discursos sobre la Historia. Lecciones de apertura de curso en la Universidad de Valencia.* Universidad de Valencia. 2000.

Todo en este párrafo son guiños a Azaña buscando su aprobación. Bosch Gimpera transmite a su público la idea de que lo que va a exponer a continuación es, ni más ni menos, la doctrina oficial de la República, y que responde a las íntimas convicciones de su presidente. Pero la condena del unitarismo monárquico por el Azaña de 1932 no equivalía a una negación de la unidad nacional. Por muchas que fueran sus diferencias personales, Azaña se sabía mucho más cercano a la concepción de España de Menéndez Pidal que a la que intentaba venderle Bosch Gimpera.

Pero el 1 de abril de 1939 llegó «la Victoria» y el resto fue silencio.

Gaziel describiría cómo había quedado Cataluña tras la guerra de esta forma:

«Nada queda en pie de lo que fue nuestro: ni el Gobierno, ni las instituciones, ni la cultura, ni la lengua ni tan siquiera la señera. Tan sólo nos queda, como un trocito troceado y sin alma, nuestra vencida tierra catalana».

La lección de Bosch Gimpera sería retomada por Pasqual Maragall sirviéndose de aquellas palabras (y la interpretación que de ellas hizo el socialista Anselmo Carretero) para justificar el proyecto que él puso en marcha cuando fue presidente de la Generalidad. De ello se tratará más adelante.

El «encaje» en la Constitución de 1978 y el Estatuto de Sau

Inmediatamente después de la muerte de Franco, concretamente el 23 de diciembre de 1975, se presentó en un restaurante de Pedralbes el Consell de Forces Politiques de Catalunya, en el cual se agrupaban once partidos, abarcando un amplio espectro ideológico.

Su programa recogía siete puntos: 1) Gobierno autónomo provisional basado en las instituciones y Estatuto de 1932; 2) amnistía general; 3) libertades democráticas; 4) libertades sindicales; 5) medidas urgentes de carácter social; 6) apoyo a las peticiones del resto de los pueblos de España y 7) Gobierno provisional español que convocara elecciones constituyentes.

La situación dio un giro con la llegada de Adolfo Suárez a la Presidencia del Gobierno en julio de 1976. Las cosas, en efecto, se aceleraron y el 30 de julio se promulgó una amplia amnistía que excluía los delitos de sangre. Respecto de la gestión de la cuestión catalana, Suárez recibió a Pujol, Pallach y Reventós, reconociéndoles de esta manera su representatividad.

Las primeras elecciones libres desde febrero de 1936 se celebraron en España el 15 de junio de 1977. Acudieron a las urnas 18.590.130 españoles, el 78,8 % del censo electoral. El partido de Adolfo Suárez, Unión de Centro Democrático (UCD), fue el partido ganador, con 6.310.000 votos (el 34,4 %) y 165 diputados, seguido del PSOE, con 5.372.000 votos (el 26,3 %) y 118 diputados, y en tercer lugar el PCE, con 1.710.000 (9,3 %) y 20 diputados. Alianza Popular, liderada por Manuel Fraga y con notorios franquistas en sus listas, se quedó en el 8,2 % y 6 diputados.

Inmediatamente después de las elecciones se creó en Cataluña la Asamblea de Diputados electos, cuya primera reunión se celebró en el antiguo Parlamento catalán. Los allí reunidos, casi por unanimidad, solicitaron abrir negociaciones para restablecer la Autonomía (Estatuto de Nuria) y pidieron el retorno de Josep Tarradellas, presidente de la Generalidad en el exilio.

Ante la dificultad de reponer una institución republicana dentro de una Monarquía naciente y derivada del régimen franquista, Suárez tiró por la calle de en medio y el 27 de junio de 1977 Tarradellas aterrizaba en Madrid.

La visita de Tarradellas se alargó durante ocho días y el «president» se reunió con Suárez (dos veces) y con el rey. Aunque los encuentros no estuvieron exentos de tensión, se llegó a un acuerdo de reconocimiento mutuo para una futura negociación directa entre ambas partes. De esa manera, la iniciativa pasaba a manos de Suárez y del propio Tarradellas, marginando la Asamblea de Parlamentarios.

Para el Gobierno se abría así una vía de solución que podía evitar un gobierno de izquierdas en Cataluña mediante una figura legitimada históricamente y con pocas simpatías hacia los comunistas. Además, se pensaba que las ganas de Tarradellas de retornar a su tierra acelerarían el acuerdo. Tarradellas, por su parte, deseaba el reconocimiento de su legitimidad histórica y también que el pacto estuviera por encima de los partidos políticos y fuera previo a la Constitución.

Todo ello condujo al restablecimiento de una Generalidad provisional con Tarradellas al frente. Su retorno a Cataluña —previo paso por Madrid para agradecer las gestiones a Suárez y al rey— tuvo lugar el 23 de octubre de 1977. Una multitud lo acompañó durante el recorrido desde el aeropuerto al Palacio de la Generalidad, y una vez allí, desde el balcón, pronunció su famoso «Ciutadans de Catalunya, ja soc aquí» [Ciudadanos de Cataluña, ya estoy aquí]. Contra todo pronóstico, 23 años después de su nombramiento en México, Tarradellas volvía a Cataluña. Al día siguiente, tuvo lugar la ceremonia de toma de posesión, con la participación de Suárez.

Más tarde, Suárez, urgido por la gobernabilidad y tras la estabilidad conseguida en los Pactos de la Moncloa (octubre de 1977), se alejó de Tarradellas para aproximarse a Pujol, con cuyos votos se aseguraba la mayoría parlamentaria. Naturalmente, a cambio de concesiones. Entonces nació la frase «Peix al cove» [Pez al cesto].

En la ponencia de siete miembros que redactó el primer borrador de la Constitución había dos catalanes: Miquel Roca en nombre de CDC y Jordi Solé Tura por el PCE-PSUC. Una de las grandes discusiones se centró en el Título VIII, donde se establecía la organización territorial del Estado.

Los equilibrios exigidos por el consenso garantizaban la unidad de España, al mismo tiempo que se reconocía su diversidad. Debía encajarse la ya existente Generalidad, satisfacer las demandas de las comunidades históricas y permitir una futura extensión del modelo al resto del territorio nacional. La solución final pasó por la creación de un híbrido, el Título VIII, donde se hace una diferenciación entre nacionalidades y regiones. La Constitución también aseguró los derechos históricos del País Vasco y Navarra.

El referéndum que aprobó la Constitución el 6 de diciembre de 1978 obtuvo en Cataluña una mayor participación que en el resto de España y el segundo porcentaje de votos negativos más bajo, poco más del 4,5 %.

Ratificada la Constitución por la inmensa mayoría de los españoles, se convocaron elecciones generales para el 3 de marzo de 1979.

En Cataluña, la convocatoria llegó cuando el mapa político catalán había sufrido un reagrupamiento. Así que en julio de 1978 había concluido el proceso de convergencia socialista con el nacimiento del PSC-PSOE y también Pujol había reagrupado al nacionalismo conservador y a parte de los demócrata-cristianos en la coalición Convergència i Unió (CiU), mientras que los republicanos recuperaban sus siglas históricas de ERC, y en el centro-derecha se consolidaban UCD y AP. Por su parte, el PSUC renovaba su cúpula, con Antoni Gutiérrez Díaz al frente. El resultado de las elecciones en Cataluña volvió a arrojar un mapa dominado por las izquierdas, pues la mayoría de las grandes ciudades y áreas metropolitanas cayeron de su lado.

El nuevo marco constitucional obligaba a redactar un nuevo Estatuto adaptado a él, pues el anterior, el de 1932, había quedado desfasado. A tal fin se constituyó la llamada *Comissió dels Vint* [Comisión de los Veinte], con representación de todos los partidos (cuatro de la Entesa Catalana [Socialistas], tres del PSUC, CDC y UCD, y uno de UDC, ERC y AP). Esa Comisión se reunió en el parador de Sau y allí se encargó de redactar el proyecto de un nuevo Estatuto. El 20 de diciembre de 1978 se entregó el texto a Tarradellas, nueve días más tarde lo aprobó la Asamblea de Parlamentarios y ese mismo día se depositó en las Cortes. Su tramitación se alargó, pero finalmente el texto se aprobó en el Congreso de los Diputados sin demasiados cambios.

El 25 de octubre de 1979 la ciudadanía catalana ratificó un nuevo Estatuto que definía a Cataluña como una nacionalidad y el catalán como lengua propia cooficial con el castellano, y distinguía entre competencias exclusivas (cultura, patrimonio, turismo...), plenas (educación...) y susceptibles de traspaso o susceptibles de cesión (policía autonómica, medios de comunicación).

El Estatuto de Sau se aprobó en referéndum con una participación del 59,7 % del censo y el 88,1 % de síes.

Aquel texto no sólo fue una ley orgánica, también representaba un pacto, un acuerdo fundamental que aseguraba la convivencia («el encaje») política de Cataluña con el resto de España. Unas muy amplias competencias del Estado se transferían a la Generalidad y al Parlamento catalán. Competencias y también responsabilidades, pero pronto se vio que, mientras las primeras eran bienvenidas, la mayor parte de los políticos catalanes no quisieron saber nada de las segundas y, concretamente, para los nacionalistas el Estatuto no era un puerto de llegada, sino un escalón más en el brandal que lleva de la tierra al cielo, es decir, a la independencia.

La política territorial de los Gobiernos españoles (1978-2004)

En la redacción del Título VIII de la Constitución, base sobre la cual habría de edificarse después el Estado autonómico, la propuesta socialista para regular la distribución de competencias entre el Estado y las autonomías se recogía en tres listas detalladas y claras: la de las atribuidas en exclusiva al Estado para que legislara sobre ellas y las ejecutara, otra de competencias compartidas, y una tercera con las materias sobre las que las nacionalidades y regiones tendrían competencia exclusiva para legislar y ejecutar; tal reparto competencial reproducía la sistemática de los artículos 14, 15 y 16 de la Constitución de la II República.

Esa propuesta hubiera evitado muchos problemas posteriores[33]. ¿Por qué no prosperó? Evidentemente, porque a los nacionalistas no les interesaba una Constitución «cerrada».

La tensión nacionalista, las dudas y los correspondientes vaivenes son, a mi juicio, las causas que llevaron a una redacción del Título

---

33. Peces-Barba consideró en su día que si este texto hubiera sido incorporado a la Constitución muchos de los problemas que en aplicación de la misma surgirían luego, derivados de la ambigüedad e imprecisión de los artículos 148 y 149, no se habrían presentado, o lo hubieran hecho con menor virulencia: *La elaboración de la Constitución de 1978*, CEC, Madrid, 1988. En el mismo sentido, R. Martín Villa, *Al servicio del Estado*. Barcelona, Planeta (2.ª edición), 1985.

VIII de la Constitución, que, como aquellas fincas a las que se refería una famosa ley agraria franquista, sigue siendo «manifiestamente mejorable». En efecto, el texto del mentado Título VIII está lleno de agujeros y no exento de ambigüedades, lo cual permitió que los Estatutos pudieran incrementar la relación de las competencias exclusivas de las Comunidades Autónomas; pero con el inconveniente de un mayor grado de indeterminación en la asignación competencial a cada uno de los niveles estatal o autonómico, fuente esta de muchos de los conflictos competenciales posteriores. Según Luis Fajardo[34], «las *sesiones nocturnas extraparlamentarias* facilitaron el consenso, pero introdujeron un sistema de distribución competencial impreciso e inseguro».

Para cualquiera que considere la estabilidad institucional como un bien, la redacción «abierta» del Título VIII de la Constitución era un riesgo y ha sido —a la postre— una fuente de tirones sin cuento.

Los nacionalistas periféricos nunca expresaron su oposición y en las Cortes siempre votaron a favor de los Estatutos de las demás regiones, aunque en cada ocasión recordaron que a ellos les amparaban «los hechos diferenciales»... Pasemos, pues, a rascar ese grano.

Si se aceptaban a la vez la generalización del proceso y la existencia de «hechos diferenciales», unas Comunidades Autónomas habrían de tener un techo competencial menor que otras y esa diferencia vendría marcada por la vía de acceso que se escogiera para llegar a la Autonomía..., pero entonces saltó Andalucía con su referéndum y rompió la brida que UCD quería poner al «potro desbocado». De hecho, la movilización andaluza se planteó con un dis-

34. Fajardo Spínola, L.: *¿Hacia otro modelo de Estado? Los socialistas y la estructura territorial del Estado.* Civitas. 2009.

curso muy simple: «yo no soy menos que nadie», lo que anunciaba implícitamente una demanda de igualación que acabaría por concretarse más tarde. Claro que el debate sobre «los hechos diferenciales» no estaba muerto y revivió, en palabras maragallianas, con el nombre (contradictorio en sus propios términos) de «Federalismo asimétrico».

Puesto en marcha el proceso de los Estatutos y pese a las dudas y ambigüedades y pese a los «hechos diferenciales», ya en 1980 estaban planteados unos «Acuerdos Autonómicos», con vocación armonizadora, entre los dos grandes partidos (UCD y PSOE): el proceso hacia los Acuerdos Autonómicos estaba iniciado, incluso en su contenido, alcance y orientación antes del final del año 1980. No fue, pues, el golpe de Estado de febrero de 1981, como muchos siguen diciendo, lo que indujo a UCD y al PSOE a suscribir esos acuerdos.

Fue en este ambiente de consenso en el que se aprobó, en la primavera de 1980, la Ley Orgánica de Financiación Autonómica (Lofca). Conviene recordar a este propósito la intervención de Francisco Fernández Ordóñez, que era entonces ministro de Hacienda en el Gobierno que presidía Adolfo Suárez, y que leída hoy resulta harto clarificadora:

> Las Comunidades Autónomas —dijo Fernández Ordóñez— no son islas que estén unidas al continente del Estado sólo por los istmos de los Estatutos de Autonomía. Eso no es un Estado. Un Estado no es una suma de relaciones multilaterales, no es una suma solamente de Estatutos de Autonomía. Y, por lo tanto, creo que hay que dejar bien claro que esta ley existe con el rango que le da la Constitución. Y hace falta algún texto que, con carácter general y no con carácter supletorio, algún texto, digo, como es esta ley, que coordine, que elimine contradicciones, que ordene, que integre, que complete, que cubra lagunas...

pues el artículo 157 de la Constitución no la define (a la LOFCA) como una ley que funciona en defecto de los Estatutos, sino como una ley que regula el ejercicio de las competencias financieras de las Comunidades Autónomas.

Más claro, el agua, pero, como era de esperar, los nacionalistas catalanes pusieron el grito en el cielo (la Lofca apenas afecta al sistema de financiación vasco ni al navarro, que, como es sabido, tienen transferidos todos los impuestos y pagan un «cupo» al Estado por los servicios que éste presta en aquellos territorios) pretendiendo que esta ley fuera supletoria respecto a los propios Estatutos (el Estatuto catalán ya estaba aprobado).

Sobre este asunto de la financiación autonómica, el PSOE, durante aquel periodo inicial, enfatizó mucho la solidaridad interregional. Una preocupación muy legítima pero que, a mi juicio, condujo a poner «albarda sobre albarda» encima de la recién nacida caballería autonómica.

Se debe aclarar, antes de seguir con el argumento, que en España la desigualdad territorial, medida en términos de desigualdad existente entre las familias españolas, sigue estando en torno al 7 %. En otras palabras, el 93 % de la desigualdad interfamiliar no tiene que ver con la Comunidad Autónoma en la que vive cada familia. Puestas así las cosas, puede enunciarse un principio: las políticas desde las cuales abordar la desigualdad interregional deben residir en las institucionales centrales (y en la UE) y no en las Comunidades Autónomas, por eso no es éste un asunto (el de la «solidaridad» interregional) que deba afectar directamente al sistema de financiación autonómica.

Por otra parte —conviene recordarlo—, todos los niveles de autogobierno han de disponer de su capacidad para aumentar o disminuir impuestos, respondiendo ante sus electores de tales decisiones. En otras palabras, responsabilidad fiscal y autogobierno son dos caras de una misma moneda.

¿Qué se quiere decir con todo esto? Que meter el asunto de la solidaridad interterritorial en el sistema de financiación de las Comunidades Autónomas fue —a mi juicio— uno de los errores cometidos desde el inicio en la navegación constitucional iniciada en 1977.

La firma de los «Acuerdos Autonómicos», realizada el 31 de julio de 1981 por el presidente del Gobierno, Leopoldo Calvo Sotelo, y el secretario general del PSOE, Felipe González, supuso un intento de armonización del proceso, pero también buscaba el cierre del mapa autonómico, lo cual implicaba su generalización.

A fin de llegar a dichos «acuerdos», se solicitó a un grupo de expertos, liderado por el catedrático Eduardo García de Enterría, que emitiera un informe, del que nació, entre otras medidas, la Ley Orgánica de Armonización del Proceso Autonómico (Loapa), cuya tramitación parlamentaria duró nada menos que diez meses. Lentitud derivada de las negociaciones de los dos grandes partidos (UCD y PSOE) con PNV y CiU. Las feroces críticas de los nacionalistas acabaron por sembrar dudas (entre las ya debilitadas fuerzas de UCD, pero también en el PSOE) y esas dudas llevaron a que se incluyera en la ley una disposición transitoria que retrasaba cinco meses la entrada en vigor de la ley una vez aprobada. Tal retraso tenía como objeto darle tiempo al Tribunal Constitucional para que emitiera sentencia... y éste lo hizo.

Como es sabido, el Tribunal (STC 76/1983) consideró contraria a la Constitución la parte más importante de la Loapa y fijó una novedosa doctrina sobre cuestiones relativas a la naturaleza del Estado de las autonomías. El TC declaró que el legislador de la Loapa se había excedido en otorgar a la ley carácter orgánico y armonizador, al atribuirse un papel de intérprete de la Constitución.

Aunque la Loapa, desgraciadamente, quedó frustrada, los Acuerdos Autonómicos que la sustentaban siguieron operando tras las elecciones de octubre de 1982, ya con el PSOE en el Gobierno.

Los sucesivos Gobiernos de Felipe González empujaron el proceso autonómico. En primer lugar, generalizándolo (antes de la primavera de 1983 estaban aprobados todos los Estatutos de Autonomía y resuelto el contencioso vasco-navarro, a la vez que las demandas de Canarias y de Valencia se habían abordado mediante sendas leyes orgánicas: Lotraca y Lotrava). En otras palabras, en el momento de las primeras elecciones autonómicas, celebradas a la vez que las municipales en la primavera de 1983, el mapa autonómico estaba terminado, aunque con niveles competenciales diferentes.

A esas alturas, todo el mundo sabía que el proceso acabaría por llegar a un modelo cuasi-federal o federalizante. Vale decir que todas las Comunidades Autónomas alcanzarían un nivel de competencias con un alto grado de homogeneidad.

En efecto, en marzo de 1991, superados los cinco años que exige el artículo 148.2 de la Constitución, Felipe González planteó en el Congreso de los Diputados un nuevo pacto autonómico que ofreció a las demás fuerzas políticas para «homogeneizar y estabilizar el Estado de las autonomías» y el Partido Popular (febrero de 1992) suscribió el pacto.

Tras el acuerdo con el PP, las transferencias homogeneizadoras se hicieron a través del artículo 150.2 de la Constitución, mediante un listado único de competencias que más tarde se incorporarían a los respectivos Estatutos. El proceso continuaría —ya bajo el Gobierno de José María Aznar— con reformas puntuales y complejos procesos de transferencias. A su conclusión bien podría decirse que en España se había llegado a un Estado autonómico que sólo se diferenciaba en matices de lo que los teóricos llaman Estado Federal.

Como era de esperar, a los nacionalistas periféricos cualquier proceso de homogeneización no les sonaba nada bien. Luis Fajardo[35] lo ha descrito así:

> Las fuerzas nacionalistas, posiblemente alentadas por la emergencia de nuevos Estados en la Europa Central y Oriental, después de la caída del muro berlinés, empezaron a vislumbrar la posibilidad de alcanzar metas mucho más ambiciosas. El marco del Estado de las autonomías, y el de la Constitución de 1978, les comenzó a resultar estrecho. Así, varios de estos partidos nacionalistas firmaron en Barcelona el 16 de julio de 1998, y confirmaron en una segunda reunión en Vitoria el 15 de septiembre de aquel año, una declaración conjunta en que se manifiestan a favor del reconocimiento *del carácter plurinacional y plurilingüe del Estado español, y sobre los efectos políticos que se derivan de dicho reconocimiento en cuanto a la redistribución de soberanía y poder*.

Es decir, un modelo que no cabía dentro de la Constitución de 1978 y que podría calificarse de confederal.

Durante los Gobiernos presididos por José María Aznar —ya se ha escrito más arriba—, se continuó con la política de profundización en el sistema de financiación, aunque durante su primer mandato (1996-2000), y por mor de la necesidad de apoyos en el Parlamento (apoyos que obtuvo de CiU y PNV), el presidente del Gobierno comenzó, de repente, a hablar el catalán en la intimidad y fue su Gobierno quien, a petición de los nacionalistas, eliminó el concepto de gobernador civil para pasar a denominar a ese cargo con el humillante nombre de subdelegado… y no se quedó ahí, sino que

35. Fajardo Spínola, L.: *op. cit.*

también renunció a recurrir la última ley del catalán (a todas luces inconstitucional) propuesta por el Gobierno de Pujol... Aznar, además, presionó al entonces defensor del pueblo (Álvarez de Miranda) hasta límites insoportables para que éste tampoco la recurriera, y no la recurrió.

Cuando en el año 2000 el PP alcanzó la mayoría absoluta, Aznar cambió de actitud en asuntos autonómicos —y también en otros— e, «impasible el ademán», dejó de escuchar a los nacionalistas (o quizá, simplemente, dejó de escuchar).

El «pujolismo». «Fer país»

Aprobado el Estatuto de Sau, Tarradellas convocó elecciones autonómicas para el 20 de marzo de 1980. Tras los triunfos electorales en las generales y municipales, todas las encuestas daban por descontada la victoria de las izquierdas y, especialmente de los socialistas.

Pocas semanas antes de los comicios, coincidían en la mesa presidencial de una boda Tarradellas y el escritor Josep Pla. La conversación derivó rápidamente hacia la actualidad electoral y —quizá sea apócrifo pero suficientemente creíble— Tarradellas le comentó a Pla: «La nit de les eleccions hi, haura dos homes que no aclucaran uil: Pujol per por a perdre i Reventós per por a guanyar»[36].

En efecto, los resultados electorales del 20 de marzo de 1980 trastocaron el mapa político catalán. Al frente de CiU, Jordi Pujol obtenía una victoria contra todo pronóstico, con una ventaja redu-

36. «La noche de las elecciones habrá dos hombres que no pegarán ojo: Pujol por miedo a perder y Reventós por miedo a ganar.»

cida, pero clara (casi el 28 % de los votos y 43 escaños). Aquella victoria fue el fruto de una campaña propia de gran intensidad, pero también contó con el apoyo de la patronal.

En un sorprendente segundo lugar quedaba el favorito: Joan Reventós al frente del PSC (22,5 % y 33 diputados). Por su parte, el PSUC obtenía 25 diputado con casi el 19 % de los votos. Cerraban el Parlamento UCD, con Anton Cañellas al frente (10,6 % de los votos y 18 escaños), y ERC, con Heribert Barrera como líder (8,9 % de los votos y 14 diputados). También el Partido Socialista de Andalucía (PSA) logró dos escaños (el 2,7 % de los votos).

El primer Gobierno Pujol (1980-1984) fue monocolor. Su actuación se centró en el despliegue del recién aprobado Estatuto, en la consolidación institucional del autogobierno y en la negociación con el Estado del traspaso efectivo de competencias y recursos.

Con la estabilidad de su Gobierno garantizada y aprovechándose de una Ley de Régimen Electoral General que coloca a los nacionalistas en la bisagra cuando ninguno de los dos grandes partidos consigue la mayoría absoluta, Pujol diseñó una doble estrategia, la de la gobernabilidad en las Cortes Españolas y la de «fer país» dentro de Cataluña.

¿Qué era para Pujol «fer país»? Mejor que cualquier sesuda tesis se define en un famoso documento que se filtró a la prensa el 28 de octubre de 1990, cuyas ideas venían operando desde diez años antes. El documento marcaba la estrategia de la recatalanización de Cataluña, eso era para Pujol «hacer país». En primer lugar, aparecía la conocida obsesión demográfica de Pujol: la «potenciación del modelo familiar para garantizar la sustitución biológica».

Se trata de un documento de veinte folios donde aparece obsesivamente la idea de inculcar el sentimiento nacionalista en la sociedad catalana, propiciando un férreo control en casi todos sus ámbitos —el documento propugna la infiltración de los nacionalistas en puestos clave de los medios de comunicación y de los sistemas financiero y educativo—, y las referencias a un ámbito geográfico —los Países Catalanes— que sobrepasa los límites del Principado.

Las líneas básicas eran las siguientes:

1. Configuración de la personalidad catalana: explicación y potenciación de los ejes básicos de «nuestra personalidad colectiva».
2. La divulgación de la historia y del hecho nacional catalán: difusión de los «acontecimientos cruciales de nuestra historia y de nuestros personajes históricos».
3. El nuevo concepto de nación dentro del marco europeo: Catalunya (Països Catalans), como nación europea emergente. La Europa sin fronteras ha de ser una Europa que reconozca a naciones como Cataluña.
4. El descubrimiento de un potencial futuro: Catalunya (Països Catalans), como centro de gravedad del sur de la Comunidad Económica Europea (CEE).
5. Un memorial de agravios: «Catalunya es una nación discriminada que no puede desarrollar libremente su potencial cultural y económico». Descubrimiento, constatación y divulgación de los hechos discriminatorios y carencias de forma contundente y sistemática.
6. La sensibilización colectiva: «Catalunya es un pueblo que camina en busca de su soberanía dentro del marco europeo».
7. Revitalizar el concepto de Catalunya como una sociedad civil viva, cohesionada, con conciencia de pertenencia y generadora de riqueza.
8. Ejercer plenamente la soberanía en todos aquellos espacios donde «tengamos» competencias.

Tras esos objetivos, el documento describía las actividades fundamentales que habían de desarrollarse para alcanzarlos, que en este campo del «pensamiento» eran los siguientes:

> Es necesario reunir diferentes grupos de personas, instituciones y asociaciones que estén decididos a desarrollar estas líneas de sensibilización y a difundir su contenido. Para ello es preciso incidir de manera eficaz en todos los medios de comunicación a través de personas con una mayor influencia social.
>
> Las campañas de sensibilización que se organicen han de tener como base el fomento de las fiestas populares, las tradiciones, costumbres y mitología nacional.
>
> Conseguir que Catalunya sea circunscripción europea y potenciar Barcelona, capital de Catalunya, como un lugar de encuentro en el espacio occitano-catalán.

Naturalmente, los objetivos prioritarios que el documento señalaba eran la enseñanza y los medios de comunicación, las dos palancas más efectivas para manipular las conciencias.

> **Objetivos en el campo de la enseñanza:**
>
> Impulsar el sentimiento nacional catalán de los profesores, padres y estudiantes y garantizar el perfecto conocimiento de la geografía, historia y otros hechos socioculturales de Catalunya, además de potenciar el uso de la lengua catalana por parte de profesores, maestros y alumnos.
>
> **Actividades fundamentales en este campo:**
>
> Exigir el correcto conocimiento de la lengua, historia y geografía de Catalunya y de los Països Catalans a todos los profesores, maestros y alumnos.
>
> Editar y emplear libros de texto adecuados acerca de la Historia, Geografía, Arte, Literatura, Economía, etcétera, de Catalunya y de los

Països Catalans. Establecer acuerdos con editoriales para su elaboración y difusión, con subvenciones si es necesario.

Catalanización de los programas de enseñanza. Análisis previo y aprobación del contenido por parte de personas responsables y de confianza.

Reorganizar el cuerpo de inspectores de forma y modo que vigilen el correcto cumplimiento de la normativa sobre la catalanización de la enseñanza. Vigilar de cerca la elección de este personal.

Incidir en las asociaciones de padres, aportando gente y dirigentes que tengan criterios nacionalistas.

Velar por la composición de los tribunales de oposición.

En lo que respecta a la Universidad, los objetivos eran:

Estimular el sentimiento nacional catalán de los estudiantes y profesores y promover el uso de la lengua en todos los ámbitos de la actividad académica y de investigación.

Promover y facilitar la creación de universidades privadas que nazcan de la sociedad civil catalana.

Creación de estudios universitarios a distancia (o abiertos) y ayuda a la elaboración de libros de texto y materiales didácticos multimedia en catalán y con una perspectiva nacionalista.

Aumento de los lectores de catalán en las universidades extranjeras.

Potenciación de la Associació Catalana del Professorat Universitari, así como las asociaciones de estudiantes nacionalistas.

Potenciar a personalidades de ideología nacionalista en los órganos rectores de las universidades catalanas.

Velar por la composición de los tribunales de oposición.

Medios de comunicación:

Lograr que los medios de comunicación públicos dependientes de la Generalitat sigan siendo unos transmisores eficaces del modelo nacional catalán. Para ello se utilizará y difundirá de forma clara los conceptos relativos a la identidad nacional catalana, que son los siguientes:

a) Depuración del lenguaje. Es necesario emplear un catalán estándar y sin incorrecciones, teniendo en cuenta las diversas fonéticas.

b) Posibilitar una programación en catalán en todos los canales de televisión y en las emisoras de radio.

c) Una mejor y mayor difusión de los productos culturales catalanes con producciones sobre hechos, personajes, episodios de nuestra historia y una mayor atención a la actual realidad cultural, científica y social catalana.

d) Extender el marco de actuación de los medios audiovisuales al ámbito de los Países Catalanes con una mayor atención a las comarcas. Captación de la señal de TV3 y Canal 33 desde cualquier punto de los Países Catalanes por medio de una política audaz.

e) Difusión del contenido de líneas de sensibilización (consignas) elaboradas para el *ambit de pensament* (creación del estado de opinión nacional).

g) Ampliar el alcance de las radios nacionales catalanas a la onda media.

h) Potenciar la prensa escrita en catalán.

i) Incidir en la formación inicial permanente de los periodistas y técnicos en comunicación para garantizar una preparación con conciencia nacional catalana.

Actividades fundamentales:

1. Introducir a gente nacionalista de elevada profesionalidad y gran cualificación técnica en los lugares claves de los medios de comunicación.

2. Incidir en los canales normales de distribución para que difundan mejor los productos culturales catalanes.

3. Llegar a acuerdos con los principales distribuidores de películas, con el fin de que todos dispongan de la correspondiente versión catalana.

Del mismo estilo y tenor eran los objetivos a conseguir en el campo de las *actividades de ocio, en el campo empresarial y el de la proyección exterior*. En este último apartado se lee, entre otras cosas, lo siguiente:

> Conseguir que el idioma catalán sea oficial en las Cortes Generales y en la CEE, y que Catalunya se convierta en circunscripción europea en las elecciones al Parlamento europeo.
>
> Puesta en marcha de campañas de sensibilización en el exterior para el reconocimiento de la oficialidad de la lengua catalana en Europa.

El documento no era otra cosa que una guía, la ruta emprendida por el pujolismo, para hacer de los catalanes no nacionalistas bien conversos, bien mozárabes. Un diseño político nacido de la deslealtad con el espíritu y con la letra de la Constitución y, sobre todo, un ataque frontal contra la lengua común y, en el fondo, contra la convivencia democrática en Cataluña.

Una Constitución que, conviene recordarlo, era en primer lugar un pacto por la convivencia, un acuerdo en el cual todos cedieron en sus pretensiones. Todos menos ellos, los nacionalistas, y especialmente los nacionalistas catalanes, que, desde el primer momento, practicaron no sólo un doble lenguaje (uno para Madrid y otro para Barcelona), también una doble moral: moderados en Madrid y radicales en Cataluña.

Los destrozos y las discriminaciones contra los inmigrantes y sus hijos a la vista estaban. Se trata de un comportamiento chantajista («si no miras para otro lado cuando me salto la Constitución, te quito el apoyo en las Cortes») y torticero («o te integras siguiendo nuestros dictados o te echamos a las tinieblas exteriores»).

La lengua como forjadora de la nación

Como ya se vio más arriba, los nacionalismos periféricos en España son lingüísticos. Todos coinciden en sostener un silogismo: «Para ser una nación y fundar así nuestro derecho a convertirnos en Estado, es preciso recuperar (o propagar o inventar) nuestra lengua».

Como ha escrito Aurelio Arteta[37], las premisas y la conclusión carecen de fundamento, pero el silogismo resulta harto efectivo. Todo hace pensar, sin embargo, que muchos ciudadanos españoles aún no han reparado ni en la presencia de ese razonamiento subyacente ni en su eficacia fraccionadora.

El más burdo de los sistemas es el de la *normalización*, según el cual, en lugar de reconocer la lengua que es de uso normal o mayoritario en esa comunidad, la política lingüística nacionalista pretende transformar en normal el conocimiento y uso de la lengua minoritaria por cualquier medio. Además, así se alimenta también una visible conciencia de culpa en la mayoría de los miembros de una comunidad por no hablar su lengua «propia», o no leerla, ni escribirla. A mayor lejanía de la lengua local respecto de la común, más nutrida será la población que vive de espaldas a la lengua local, pero conviviendo a diario con rótulos, impresos, topónimos, folletos, etcétera, escritos en esa lengua. Les toca entonces vivir en un permanente disimulo, haciendo *como si* necesitaran una lengua que no necesitan y comprendieran lo que no comprenden, cuando les bastaría con la lengua conocida y hablada por todos sus conciudadanos. Pero, al fingir plegarse a lo *políticamente* (o sea, *nacionalmente*) *correcto*, comienza ya a pagar un obligatorio «peaje lingüístico». Quizá

37. Arteta, A.: «La injusticia lingüística para la secesión catalana o vasca». FronteraD, revista digital.

por eso tanto en Euskadi como en Cataluña todos los García, Pérez y González (el primer apellido «catalán» en la provincia de Barcelona es Ferrer y ocupa el lugar 32.º) se han apresurado a poner nombres de pila catalanes o euskaldunes. En este último caso, nombres inventados por Sabino Arana.

En Cataluña un documento de doce páginas establece que el personal de la sanidad autonómica «siempre hablará en catalán, independientemente de la lengua que utilice su interlocutor», incluso cuando constate que el paciente tiene «cierta dificultad» de comprensión. Esta orden es aplicable a las comunicaciones internas y externas, tanto cuando hablen por teléfono, por megafonía, en actos públicos protocolarios o cuando los médicos hablen entre ellos, especialmente cuando haya delante «terceras personas» (sic y resic).

Y como punta de lanza de este ataque a las personas estuvo y está «la inmersión lingüística» que maltrata desde primaria a los críos que tienen como lengua materna el español.

Como ha recordado Javier Montilla[38]:

> Tal práctica no sólo mostraba un abuso totalitario impropio de una sociedad democrática, sino que mostraba también los efectos negativos de impedir al niño estudiar en su lengua materna, tal y como recomienda la UNESCO. Por consiguiente, la lengua materna dejaba de ser un derecho de los padres para someterse a los delirios del nacionalismo.

La prueba de la deslealtad constitucional en este asunto se demuestra simplemente leyendo el diario de sesiones de las Cortes y comprobando lo que dijo el nacionalista Trías Fargas en 1978, cuando se discutía la Constitución en la Comisión:

---

38. Montilla, J.: *Los muros de Cataluña*. E.G.A. 2013.

> Creo que es justo decir que el derecho a la lengua materna es un derecho del hombre, un requisito pedagógico de la máxima importancia. Cambiar de lengua en la niñez dificulta extraordinariamente la capacidad del niño. Nosotros nunca vamos a obligar a ningún niño de ambiente familiar castellano a estudiar en catalán.

Ya con Aznar en el Gobierno (1998) y como consecuencia del pacto con ellos, los nacionalistas dieron un paso al frente y pusieron en marcha en el Parlamento de Cataluña una nueva ley, la «Ley de Política Lingüística», que también fue apoyada por los antiguos comunistas y por el PSC. Esta ley da preferencia al catalán no sólo en la administración pública, sino también en las empresas privadas. Consecuentemente, las empresas se vieron obligadas a utilizar el catalán en sus facturas y documentos; los rótulos tuvieron que ser redactados, al menos, en catalán y el etiquetaje ha de figurar exclusivamente en catalán. Y lo más grave: se previeron sanciones en caso de incumplimiento. En definitiva, el nacionalismo hizo que la ley convirtiese un derecho en un deber.

Fue ésa la ley que Aznar impidió que se recurriera ante el Tribunal Constitucional, pero no toda la sociedad catalana permaneció en silencio. Por entonces nació el Foro Babel, que entre los fundadores contó con Francesc de Carreras, Eugenio Trías, Albert Boadella, Félix de Azúa, José Agustín Goytisolo, Juan Marsé, Terenci Moix, Eduardo Mendoza, Xavier Sardà o Francisco Fernández Buey.

La cruda verdad es que los nacionalistas, incluido el «exitoso» tripartito, se han pasado y se pasan por el «arco del triunfo» las sentencias de distintos tribunales en cuanto éstos enmiendan las «sagradas» decisiones lingüísticas de esta gavilla de sectarios. Por ejemplo, la sentencia 331/1994 del Tribunal Constitucional (TC), la 181/2008 del Tribunal Supremo o la 21/2010 del TC.

Hasta ahora el Estado no se ha atrevido a obligar a cumplir esas sentencias ni, en general, la Constitución en todo lo que toque la «sacrosanta lengua del nuevo imperio catalán». De hecho, el nacionalismo está haciendo con el español exactamente lo mismo que Franco hizo con el catalán. Como es lógico, esa discriminación y maltrato ha tenido y tiene efectos nefastos sobre los alumnos que tienen como lengua materna el español.

Una psicóloga infantil, Anna Permanyer, lo relataba así en una carta dirigida a *La Vanguardia*, antes de que este diario se pasara al separatismo:

> Actualmente, como psicóloga infantil y madre de cuatro hijos, no puedo callar más: la normalización lingüística, tal y como se está llevando a cabo, está produciendo efectos más negativos de los inevitables.
>
> La inmersión cruda en catalán, especialmente en la escuela pública, en la mayoría de los casos constituye una equivocación que podría hacernos pensar que es un desquite. Los niños, en las escuelas de Barcelona y su entorno con inmersión forzosa, es decir, la mayoría de las públicas, han bajado sus coeficientes de RV y RA (razonamiento verbal y abstracto, respectivamente) hasta extremos alarmantes, debido a la obligación del uso del catalán exclusivamente.

Permanyer no fue la única que se opuso a esta barbaridad discriminatoria y anticonstitucional. También estuvo en contra la Asociación por la Tolerancia, la Asociación Cultural Miguel de Cervantes y las madres de la Coordinadora de Afectados en Defensa de la Lengua Castellana (Cadeca), que se amotinaron y lucharon contra el abuso y que, como consecuencia, recibieron una campaña injuriosa en los medios de comunicación catalanes.

En efecto, en Cataluña, existe una diferencia muy sustancial entre el rendimiento académico de los alumnos castellanohablantes y los catalanohablantes. Sus tasas de fracaso escolar son notablemente distintas: 42,62 % en los primeros y 18,58 % en los segundos.

Por otra parte, cuando se han realizado pruebas de castellano idénticas tanto en Cataluña como en el resto de España, las puntuaciones de los alumnos catalanes han sido siempre inferiores a las de los alumnos del resto de España.

Claro que —según Javier Montilla— tanto Artur Mas como José Montilla llevan a sus hijos, respectivamente, al Liceo Francés de Barcelona y al Colegio Alemán de Esplugues del Llobregat. El propio Artur Mas fue a la escuela elitista Aula, en la zona alta de Barcelona, y puede presumir de que en su caso las lenguas vehiculares de la enseñanza fueran el inglés, el francés, el español y el catalán.

La manipulación de oposiciones y otros métodos dudosos que proponía el documento de marras no han dejado de operar con absoluta impunidad, pero donde quizá esa política sectaria haya llegado más lejos sea en los medios públicos de comunicación, como TV3, que fue parcial desde su origen pero que con Artur Mas ha llegado al delirio. Ya lo dijo la antigua directora, Mónica Terribas: «TV3 fue creada para vertebrar, cohesionar y reforzar la realidad del país, la industria, la lengua y la cultura».

Pero tal vez el ejemplo más cabal de influencia política en los medios privados catalanes lo haya dado *La Vanguardia*, propiedad del conde de Godó, grande de España. El día siguiente al de la muerte de Franco (21 de noviembre de 1975), don Carlos Godó y Valls, padre del actual propietario, escribió en las páginas de su diario un panegírico del dictador en el cual se leía, entre otras cosas, lo siguiente:

> Con lágrimas en los ojos he escuchado esta mañana la alocución de nuestro presidente, don Carlos Arias Navarro, quien, visiblemente conmovido, nos ha leído el último mensaje de Franco y no solamente yo, sino las personas que estaban a mi lado, no han podido contener la emoción que la lectura les ha producido [...] La profunda emoción

que siento por la pérdida del Caudillo de España, Generalísimo Franco, viene condicionada por la obra extraordinaria que ha cambiado radicalmente a España en unos pocos años, si bien personalmente aumenta, por los sentimientos de amistad que me había siempre demostrado.

No fue casualidad que, una vez acabada la dictadura, este diario protagonizara uno de sus característicos vaivenes ideológicos y regresara a su etapa monárquica, para luego compadrear con todas las formaciones ideológicas que estuvieran en el poder hasta llegar al separatismo. Lo importante para ellos siempre ha sido estar próximos al poder, sin importarles en absoluto ni la libertad ni la decencia.

Y ante estas políticas desleales con lo pactado en 1978, ante la actitud manipuladora de las conciencias y el adoctrinamiento venenoso de la niñez y de la juventud, ante el objetivo de convertir en mozárabes, es decir, en extranjeros dentro de su propio país, a una parte sustantiva de los catalanes, ¿qué hicieron los sucesivos Gobiernos del PSOE y del PP? La respuesta es sencilla: no hicieron nada. Le bailaron el agua a Pujol, mirando para otro lado cuando aparecieron por doquier aquellas intenciones y aquellos ataques a la convivencia. Prisioneros —a veces de hecho y otras «por si acaso»— de una ley electoral que pone en manos de los nacionalistas la gobernabilidad del país, los dos grandes partidos prefirieron pensar que Pujol, al fin y al cabo, era un buen chico que sólo quería que la lengua catalana sobreviviera, acosada por la fuerza imparable de un castellano que, al fin y al cabo, hablan más de 300 millones de personas. Un buen chico que siempre estaba dispuesto a echar una mano a cambio —eso sí— de algún «peix al cove». Cuando Pujol decidió no presentarse más, había presidido 23 años la Generalidad y, sobre todo, había creado un «régimen».

El nuevo «encaje» de Maragall y Zapatero

Convertido en candidato para presidir la Generalidad en 1999, Maragall, quien había sido uno de los mejores alcaldes de Barcelona desde que la ciudad existe, se propuso ampliar las posibilidades de un PSC que se veía incapaz de derrotar a CiU en unas elecciones autonómicas. Se inventó un movimiento (Ciudadanos para el cambio) y recorrió de arriba abajo Cataluña, llegando a los más recónditos paisajes y pueblos, pero cuando se celebraron las elecciones, los resultados no le fueron propicios.

Sumando las dos candidaturas que lo apoyaban (PSC-Ciutadans pel Canvi y PSC-Ciutadans pel Canvi-IC-Verds) obtuvo algunos votos más que CiU, pero tres escaños menos (56 de CiU frente a 53 de las dos candidaturas socialistas) y a Pujol le bastó contar con las apoyaturas ora del PP ora de ERC para formar un Gobierno estable.

Defraudado y pesimista ante las pocas posibilidades que parecía tener una izquierda progresista teñida de catalanismo, Maragall decidió llegar a las siguientes elecciones (2003) con «un proyecto rompedor» que consiguiera, entre otras cosas, «engatusar» a ERC. Y otra vez perdió en escaños (46 de CiU, con Artur Mas de candidato, y 42 del PSC). Pero el «proyecto rompedor» tuvo su efecto y pudo formar un Gobierno tripartito con ERC (23 diputados) e Iniciativa (9 diputados), un Gobierno avalado por 74 diputados de un total de 135. Pero aquello nunca fue un verdadero Gobierno y, naturalmente, Maragall defraudó a buena parte de sus votantes. Ramón de España lo ha descrito así:

> Cuando en 2003 Pasqual Maragall llegó a la presidencia, pensé: se acabó la tabarra nacionalista, vamos a reconstruir lazos con el resto de España, vamos a preocuparnos de verdad por la cultura [...] vamos a dejar de practicar el victimismo y la queja constante, vamos a ordenar

> el bilingüismo para que ninguno de nuestros dos idiomas se imponga al otro, vamos a... Ya ven lo ingenuo que puede llegar a ser uno. En cuanto Maragall ocupó el despacho presidencial, se sacó de la manga un nuevo estatuto de autonomía que nadie le había pedido y lo convirtió en el meollo de su legislatura [...] Yo voto a alguien para una cosa y me sale con otra. [...] Lo único que sé es que, de repente, el hombre que se suponía que era la némesis de Jordi Pujol y que representaba todo lo opuesto a él, se convertía en su sucesor, recogiendo la antorcha nacionalista y avivando su llama con un soplete[39].

En marzo de 2003, Pasqual Maragall —auténtico motor de lo que entonces él mismo llamó la «España plural»— presentó solemnemente en el Parlamento de Cataluña un documento titulado «Bases para la elaboración del Estatuto de Cataluña», haciendo del nuevo Estatuto el centro de su oferta programática, lo cual planteó la necesidad de «encajar» aquel discurso catalanista en un PSOE todavía en la oposición. Luis Fajardo[40] nos ha recordado un detalle significativo: la reunión en Madrid en una cena de José Bono, Manuel Chaves, Pasqual Maragall, Juan Carlos Rodríguez Ibarra y José Luis Rodríguez Zapatero. La conversación giró en torno a cómo avanzar en la descentralización del Estado de las autonomías para adecuarlo a las nuevas realidades de principios del siglo XXI; es decir, hasta dónde podían ser admitidas por el PSOE las aspiraciones de Maragall sin sobrepasar el marco constitucional y sin atentar contra la solidaridad interterritorial. El debate se planteó entre las posiciones de Maragall, de una parte, y las de Bono y Rodríguez Ibarra, de la otra. Chaves estaba ya en su reforma estatutaria, en una senda para-

---

39. Ramón de España: *El manicomio catalán*, La Esfera de los Libros. 2013.
40. Fajardo Spínola, L.: op. cit.

lela a la catalana. Finalmente, se alcanzó un compromiso, que suponía acotar el proceso de la reforma catalana dentro de unas líneas rojas que no deberían ser sobrepasadas. Ése fue el núcleo del acuerdo que luego se completaría y formalizaría en Santillana del Mar.

En el documento aprobado finalmente en Santillana se marcaron, en efecto, claras líneas rojas. Por ejemplo: «Oposición frontal a todo segregacionismo o pseudosoberanismo» [...], «impecable adecuación a la Constitución, a sus valores, y a la integridad política y territorial de España» [...], «un amplio consenso social y político para fundar la iniciativa de reforma estatutaria», evitando además «una oleada global o indiscriminada de reformas estatutarias» y se justificaba el incremento del autogobierno por la cercanía de las instituciones y por el resultado de su gestión en servicios sociales de calidad, rechazando la motivación identitaria de las reformas estatutarias.

Luego llegaron las palabras de Rodríguez Zapatero —ya dentro de la campaña de las elecciones autonómicas catalanas— prometiendo que si él llegaba a gobernar en España apoyaría el texto estatutario que saliera del Parlamento catalán. Un Parlamento catalán que, poco después, demostró no tener apenas contrapesos, es decir, con una izquierda «plural» (PSC, ERC e Iniciativa por Cataluña) entregada a claras derivas identitarias que antaño muchos de ellos habían repudiado.

La llegada al Gobierno de Zapatero (elecciones generales del 14 de marzo de 2004) representó un giro copernicano en la política territorial que había mantenido hasta entonces el PSOE. Zapatero abandonó el consenso en las Cortes y abrió un nuevo proceso autonómico con los solos apoyos de los nacionalistas. Un proceso que estuvo marcado por el nuevo Estatuto catalán y por sus consecuencias.

En efecto, para el nuevo PSOE de Rodríguez Zapatero no parecían existir problemas en cohonestar los «hechos diferenciales» con la igualación de competencias y con él se hizo posible la cuadratura del círculo porque —en palabras suyas— «lo común y lo singular, lo general y los hechos diferenciales, no tienen por qué ser contradictorios ni mutuamente excluyentes». Semejante equilibrio y complementariedad se alcanzaría, en un galimatías muy propio del personaje, porque a las competencias comunes a todas las Comunidades Autónomas se les garantizaría la cooperación federal, *multilateral*, mientras «los hechos diferenciales darán lugar a una relación *bilateral* entre la Administración General del Estado y las Comunidades Autónomas concernidas», es decir, para empezar, Cataluña y Euskadi. «Pero esto no quiere decir que tenga que funcionar totalmente aparte de la cooperación federal (multilateral).»

Es decir: «¡La gallina!».

Desde luego, el discurso zapateril no era fácil de entender y menos de conciliar. Allí se ofrecía la relación federal para unos y una relación de naturaleza confederal para otros.

Como ya se ha dicho más arriba, los cambios introducidos paulatina, pero constantemente, en todos los Estatutos, empezando por las competencias y terminando por el sistema de financiación, habían sido tales y de tal envergadura que «al inicio de este nuevo proceso descentralizador muchas fueron las voces autorizadas que pusieron de manifiesto que el camino descentralizador que cabía recorrer aún, sin afectar al marco general previsto en la Constitución, era ya muy reducido» (Roberto L. Blanco Valdés).

El texto del proyecto de Estatuto aprobado por el Parlamento de Cataluña el 30 de septiembre de 2005, con el apoyo del 90 % de los diputados catalanes, era un dechado de grandilocuencia nacionalista. Una retórica mítica impregnaba todo el articulado del proyecto.

Es evidente que el texto salido de las Cortes Españolas y que fue sometido a referéndum en Cataluña el 18 de junio de 2006 (con una decepcionante participación popular del 49,4 % sobre el censo electoral) no era el mismo que fue aprobado en el Parlamento de Cataluña (los cambios afectaron a casi centenar y medio de artículos), habiéndose enmendado a la baja núcleos sustanciales del proyecto. Pero la distancia entre el proyecto de Estatuto y la Constitución era tan grande que «aquella distancia iba a dejar muy escorado hacia el confederalismo y el debilitamiento de la cohesión territorial el punto posible del consenso..., lo que ha convertido, objetivamente, la gresca estatutaria en una costosísima guerra de desgaste del sistema» (Roberto L. Blanco Valdés).

El Estatuto no era constitucional porque hacía mangas y capirotes de la multilateralidad, concepto intrínseco a cualquier Estado compuesto (federal o de otro tipo). No lo era porque su sistema de financiación, caso de generalizarse, simplemente, haría desaparecer el Estado. No lo era porque pretendía crear catalanes de primera (los que hablan la lengua «propia») y catalanes de segunda (los castellanohablantes). No lo era porque —como me dijo en privado un veterano líder de Izquierda Unida— «no estamos ante un proyecto de ley, sino ante un acta de rendición».

Zapatero cometió, además, dos imprudencias gravísimas. Se negó a retocar la ley por la cual se rigen los referendos y no previó, o no quiso plantearse, la posibilidad de que el TC echara por tierra parte del Estatuto después de haber sido votado en referéndum. ¿Qué debió haber hecho?

En primer lugar, señalar la proporción mínima de participación que le es exigible a un referéndum para que su resultado pueda ser tenido en cuenta. En segundo lugar, para evitar que un referéndum pueda ser celebrado para ratificar o rechazar un texto que pudiera ser anticonstitucional, le hubiera bastado con volver a poner en vigor la norma que preveía el uso del «recurso previo de inconstitucionalidad», con el que hubiera dejado en suspenso cualquier norma que fuera recurrida ante el TC (esta norma fue eliminada durante la primera legislatura de Felipe González). Con estas simples y necesarias medidas preventivas Zapatero nos hubiera evitado a los españoles fuertes dolores de cabeza.

El Estatuto catalán, además de un tremendo embrollo político, trajo consigo un gran malentendido, una grave confusión, que afectó y sigue afectando sobre todo a los socialistas catalanes.

Durante la etapa de Zapatero llegaron a aprobarse los siguientes nuevos Estatutos: Comunidad Valenciana mediante Ley Orgánica 1/2006 de 10 de abril, Cataluña por la Ley Orgánica 6/2006 de 19 de junio, Illes Balears por la Ley Orgánica 1/2007 de 28 de febrero, Andalucía mediante la Ley Orgánica 2/2007 de 19 de marzo, Aragón mediante la Ley Orgánica 5/2007 de 20 de abril, y Castilla y León por Ley Orgánica 14/2007 de 30 de noviembre.

Como era lógico, durante el nuevo proceso estatutario apareció, una vez más, la emulación. La andaluza, pero también la valenciana y la aragonesa y la castellano-manchega. La Comunidad Valenciana, por ejemplo, pretendió incluir en su Estatuto una cláusula según la cual esa Comunidad alcanzaría, *ipso facto*, idénticas competencias a las que, en el futuro, pudieran otorgarse a Cataluña, y aunque las premisas y los procedimientos en el caso de Andalucía no fueran los usados en Cataluña. En Andalucía, al no contar con freno alguno y sí con el apoyo del PP (aunque la participación en el referéndum andaluz fue tan baja como para sonrojarse, el 36,2 %), se llegó a reclamar y obtener, por ejemplo, la competencia exclusiva sobre la cuenca del Guadalquivir.

Esa emulación nos la ha recordado amargamente Antonio Muñoz Molina[41] al señalar los preámbulos de los nuevos Estatutos de Andalucía, Extremadura, Aragón y Castilla y León, y al leerlos se hace difícil contener la risa:

41. Muñoz Molina, A.: *Todo lo que era sólido*. Seix Barral. 2013.

Andalucía, a lo largo de su historia, ha forjado una robusta y sólida identidad que le confiere un carácter singular como pueblo, asentado desde épocas milenarias en un ámbito geográfico diferenciado, espacio de encuentro y de diálogo entre civilizaciones diversas.

[Extremadura] En los dos grandes valles del Tajo y el Guadiana, desde las cuevas prehistóricas a los centros tecnológicos, se ha ido escribiendo silenciosamente la crónica de una voluntad de sentir, pensar, ser y estar en el mundo. Una tarea de los pueblos que han ido forjando Extremadura...

El Reino de Aragón es la referencia de una larga historia del pueblo aragonés que durante siglos dio nombre y contribuyó a la expansión de la Corona de Aragón.

[Castilla y León] Hace mil cien años se constituyó el Reino de León. [...] Ya entonces, leoneses y castellanos ofrecieron al mundo ejemplos de respeto y convivencia entre las culturas diversas que poblaban estas tierras.

Ya lo escribí: de risa.

Entre todos los vaivenes que trajo aquella subasta al alza mediante los cuales se gestó el proyecto del nuevo Estatuto en el Parlamento de Cataluña, hay uno, un vaivén, que —por incomprensible— es preciso reseñar aquí. Me refiero a las dos intervenciones personales de Rodríguez Zapatero cerca de Artur Mas, que sirvieron para desatascar por dos veces la elaboración del mentado Estatuto. Primero, cuando la subasta en el Parlamento de Cataluña llevó a quienes más pujaban al alza (CiU y ERC) a meterse en una espiral sin fin de posiciones no ya inasumibles, sino ridículas. En aquellos días, el Estatuto parecía haber embarrancado definitivamente en su propia salsa soberanista... hasta que apareció el presidente del Gobierno, habló con Artur Mas y consiguió que un texto consensuado saliera del Parlamento de Cataluña rumbo a las Cortes Españolas.

Nadie en el PSOE entendió qué ganaban el Gobierno y el PSOE

con aquellos empujones que sacaron del atolladero al Estatuto. La inmensa mayoría de los socialistas que conozco hubieran preferido que los catalanistas de diferentes obediencias, enredados en sus propios asuntos, hubieran acabado como el rosario de la aurora. Pero la solución Zapatero-Mas traería tras de sí —después de una segunda reunión desatascadora de Zapatero con Mas— la aprobación del Proyecto en las Cortes. Aquello destrozó el tripartito que gobernaba en Cataluña, pues los de ERC no toleraron que los socialistas los «traicionaran» pactando con CiU, que entonces todavía eran sus odiados «hermanos de sangre». En resumen, los de ERC se opusieron a la aprobación del nuevo Estatuto en las Cortes y, luego, votaron *no* en el referéndum. Como consecuencia, el tan amado tripartito desapareció (para renacer después de la mano de José Montilla) y con él el Estatuto también se llevó por delante a quien había ejercido de aprendiz de brujo en esta desgraciada historia: Pasqual Maragall.

Los entresijos de cómo se gestó aquel nuevo Estatuto (una máquina mortífera que acabó desalojando de la política a casi todos aquellos que lo elaboraron) no deja de ser interesante. Jaume Badía, que fue director general de Análisis y Prospectivas adscrito a la Presidencia durante los mandatos de Maragall y Montilla, ha contado al periodista y escritor Arturo San Agustín[42] que Maragall no pudo controlar el proceso de elaboración:

> Maragall se cansó de decir una y mil veces que no le gustaba el Estatuto que se estaba elaborando. Él siempre decía que quería un Estatuto de 20 artículos, un Estatuto breve, de principios, para que los ciudadanos se lo aprendieran de memoria [...] el Estatuto se quiso hacer directamente en el Parlament porque la fuerza política mayoritaria del

42. San Agustín, A.: *Cuando se jodió lo nuestro*. Península. 2014.

nacionalismo conservador, Convergència i Unió, no soportaba la idea de que aquel estatuto se elaborara sin ellos.

Al final del proceso estatutario y mientras esperaba que el TC le fuera propicio al Estatuto, Zapatero maniobró para que tras las siguientes elecciones José Montilla, ya candidato *in pectore*, se aviniera a pactar con CiU una *grosse koalition* en Cataluña. Pero Montilla le oía pero no le escuchaba y fue preparando con ERC y en secreto el segundo tripartito, que se puso en práctica —sin avisar a Zapatero— la misma noche electoral de 2006, después de haber perdido 5 diputados y haber bajado del 31,2 % de los votos al 26,8.

Pero de aquellos tejemanejes quizá lo más interesante sea una carta (no abierta) que Pasqual Maragall envió a Felipe González el 30 de marzo de 2005, cuyo texto ha hecho público ahora Arturo San Agustín[43]:

> Anselmo Carretero, un republicano socialista, nacido en Segovia y afincado en León y luego exiliado en México, al que conociste perfectamente, acuñó con Bosch Gimpera, exiliado también allí y exrector de la Universidad de Barcelona en los años treinta, la expresión «nacionalidades y regiones» de España [...] Al pobre Anselmo, que se había casado con Ofelia Gordón, hija de Gordón Ordás e íntima amiga de mi madre, se le dejaba hablar en los interminables congresos del PSOE a altas horas de la madrugada. Yo me quedaba para oírle hablar de una España que era la mía pero que al PSOE de aquellos momentos no le interesaba. Al PSOE le interesaba la España del Estado de las autonomías sin distinciones y asustaba la deriva hacia una España plural que en el fondo era la de Anselmo y Bosch Gimpera y la nuestra, la del socialismo catalán.

43. *Ibidem.*

> Voy a tratar de decirlo claro: no estamos inventando una nueva Catalunya para nada. Estamos inventando una nueva España en la que de una puñetera vez la vieja Catalunya, la vieja Castilla, la vieja Euskadi y la vieja Andalucía tendrán un lugar honorable y donde Madrid, que ya es una capital internacional de primerísima línea, no necesitará confundirse con España, como necesitaba hasta hace poco, para ser más de lo que era.

La carta concluía así:

> La generación actual de catalanes progresistas entiende que su momento ha llegado, que Catalunya ha dado la mayoría al progresismo por primera vez desde 1936, para hacer dos cosas: tener un Estatuto digno, abriendo una segunda etapa apasionante de la democracia española y corregir los errores y excesos del Gobierno reciente de la derecha catalana (el exceso de legitimidad se ha convertido en sus manos en bula universal).

«Al PSOE le interesaba la España del Estado de las autonomías sin distinciones y asustaba la deriva hacia una España plural.» Uno puede imaginarse la cara y el cuerpo que se le quedó a un socialdemócrata racionalista como Felipe González cuando leyó esto en la carta que se ha reproducido más arriba. «Cosas de Pasqual», diría para sí. Pero esas «cosas» en manos de una persona como Zapatero llevaron adonde han llevado.

Tuve ocasión de conocer y de tratar a Anselmo Carretero y también he leído sus libros. Desde luego, de aquellas conversaciones y de aquellos libros yo no saqué las mismas conclusiones que sacó Maragall, que en estas cuestiones practicó siempre una metafísica confusa. La misma que trasluce la carta que envió a Felipe González en 2005.

Juan Antonio Cordero nos ha recordado que, en su inicio, la maniobra de Maragall fue fruto de un cálculo táctico, dirigido a desestabilizar a la coalición *convergente* presionándola por su lado identitario y posibilitar un acercamiento con el independentismo de ERC sobre el que construir las bases de un Gobierno tripartito. Sin embargo, la idea de un nuevo Estatuto para Cataluña fue rápidamente asimilada por todas las facciones del catalanismo y convertida en el eje fundamental, y en ocasiones el único perceptible, de la política catalana en los años siguientes, incluso después de la retirada de Pasqual Maragall de la escena política.

Tras el correctivo que aplicó el Tribunal Constitucional habría hecho falta explicar a la sociedad, y en particular a los posibles aliados, con claridad y desde el principio el alcance del proyecto que se quería llevar a cabo. Las aspiraciones nacionalistas pasaban —y siguen pasando— por el alumbramiento de un marco jurídico y político en España que es incompatible con el que hoy rige[44].

Desde luego, Pasqual Maragall nunca expresó con claridad de dónde salió la necesidad de un nuevo Estatuto con el cual se pretendió nada menos que meter por la ventana del Estatuto lo que no cabía por la puerta de la Constitución. O, en otras palabras: se pretendió cambiar la Constitución desde un Estatuto. ¿Para qué? Para otorgarle a Cataluña un estatus especial dentro de un federalismo «asimétrico». Un federalismo que no se parecía a ninguno de los conocidos, porque ni en los EE. UU. ni en Alemania ni en ningún otro federalismo existen «asimetrías» como las que se pretendía colar en aquel desgraciado Estatuto.

¿Y qué opinaban de este disparate las gentes normales y corrien-

44. Cordero, J. A.: «Polvos estatutarios y crisis del catalanismo». www.vozbcn.com, 2-VI-2014.

tes del PSOE? Puedo contar lo que opinaban en privado, aunque algunos hubo —pocos— que sí opinamos en público oponiéndonos. Pero ninguno, absolutamente ninguno, pudo opinar sobre el texto de aquel proyecto de ley en los órganos internos del partido porque «el mando» no dio ocasión. Ni el Comité Federal ni el Grupo parlamentario debatieron el asunto. Probablemente tampoco la Comisión Ejecutiva. Nadie pidió explicación alguna acerca de por qué Zapatero se había pasado por el arco del triunfo los acuerdos de Santillana. Era un proyecto «estratégico» del líder y eso era razón más que suficiente para avalarlo… en contra de la Constitución y, sobre todo, en contra del sentido común. Se forzaron leyes y conciencias para sacar adelante un texto-Saturno que acabó devorando a todos sus hijos, comenzando por Maragall y Carod Rovira, desaparecidos del mapa político antes de que el TC dijera la última palabra.

La sentencia

Puesto que los padres del nuevo Estatuto no quisieron saber nada de consensos con el PP, en una estrategia que para el PSOE resultó suicida, los diputados «populares» recurrieron buena parte del articulado ante el Tribunal Constitucional y entonces comenzó otra guerra en la que nos tocó ver y oír de todo. Desde las soflamas de Montilla, travestido en nacionalista, hasta la señora Chacón, entonces ministra de Defensa, clamando contra el Tribunal Constitucional. Un aquelarre que tuvo su clímax cuando la inmensa mayoría de los periódicos catalanes (todos ellos subvencionados por la Generalidad, eso sí) con *La Vanguardia* a la cabeza publicaron un editorial el mismo día y con el mismo texto amenazando con los males del infierno si el TC se atrevía a mancillar «la dignidad de Cataluña».

Una jeremiada nacionalista que pretendía convertir un simple y mal pergeñado texto legal en las tablas de la ley del pueblo catalán.

Aunque, como siempre, se demoró más de la cuenta, al fin llegó la sentencia del TC (STC 31/2010 de 28 de junio) y con ella reaparecieron, si cabe con más intensidad, los llantos y el crujir de dientes con los que se expresa la frustración genética de cualquier nacionalismo. Ya lo había dicho el famoso editorial conjunto: «La dignidad de Cataluña había sido mancillada». Definitivamente, «no nos comprenden», añadieron.

Sea como sea, conviene contemplar, aunque sea brevemente, aquella sentencia.

Eran seis los pilares básicos en los que estaba asentado el Estatuto: la nación, la lengua, el Poder Judicial en Cataluña, las competencias, la bilateralidad y la financiación. El Tribunal Constitucional desmontó tales pretensiones del legislador autonómico y orgánico en estas seis materias esenciales del Estatuto.

Sobre la nación, el Tribunal taxativamente declara que «la Constitución no conoce otra Nación que la española... con la que se cualifica expresamente la soberanía... ejercida por el pueblo español como su único titular reconocido», estando el origen de la potestad estatutaria en la Constitución, no en los derechos históricos como proclamaba el artículo 5 del nuevo Estatuto. Con estas declaraciones el Tribunal dejó meridianamente claro que la soberanía radica sólo en el conjunto del pueblo español, como constituyente único.

En lo concerniente a la lengua, el Tribunal declaró inconstitucional y nulo el carácter preferente del catalán, reafirmando al castellano como lengua cooficial en Cataluña, que no puede ser excluida como lengua vehicular en la enseñanza.

En lo relativo al Poder Judicial en Cataluña, el Tribunal declaró que el Poder Judicial es un Poder del Estado, aunque admitía que pueda haber fórmulas de desconcentración en la Ley Orgánica del

Poder Judicial. Pero que al igual que hay una sola Nación y una única soberanía, no puede haber más que una jurisdicción en todo el territorio nacional, que es el Tribunal Supremo.

Sobre las competencias, el Tribunal declaró que el ejercicio de las competencias asumidas por el Estatuto no impide el ejercicio de las competencias exclusivas del Estado. Según la sentencia, hay casos en los que el Estado, además de fijar las bases, puede decidir sobre cuestiones incluso de carácter no normativo, por lo que en las competencias exclusivas no siempre la Generalidad podrá ser la única que legisle y ejecute sobre determinada materia.

Sobre la bilateralidad entre el Estado y la Generalidad, el TC declaró que la Comisión Bilateral Generalidad-Estado no tiene otra función que la cooperación voluntaria en el ámbito de la competencia de ambos Gobiernos, pero no impide al Estado el pleno ejercicio de sus propias competencias, sin que esta Comisión sea, en ningún caso, la reunión del Estado español y la Generalidad de Cataluña.

Por último, sobre la financiación, el Tribunal proclama que al Estado le corresponde regular el ejercicio de las competencias financieras de las Comunidades Autónomas, y sobre la inversión en Cataluña durante un periodo de siete años, el Tribunal declaró que no podía admitirse que ello vinculara a las Cortes Generales a la hora de aprobar los Presupuestos Generales del Estado.

Montilla, presidente aún de la Generalidad, dijo que «el TC está desacreditado moralmente y deslegitimado». Para Jordi Pujol era «una humillación para Cataluña» y para Joan Herrera la sentencia era «una provocación a Cataluña». Por su parte, Artur Mas utilizó el tono funeral: «El Estatuto está muerto», dijo.

Al final, ¿qué habían conseguido Maragall y Zapatero con tan brillante iniciativa? Exacerbar la frustración, ese sentimiento tan nacionalista, además de provocar múltiples descalificaciones mutuas. Un éxito que pasará a la nutrida historia de la necedad política.

VI

CRISIS Y FRUSTRACIÓN

El desastre de los dos Gobiernos tripartitos tuvo su «noche triste» el 28 de noviembre de 2010, cuando se celebraron las elecciones autonómicas en Cataluña. El PSC, con una abstención menor que la de 2006, perdió 220.300 votos, 27,7 % menos de los obtenidos en 2003, y pasó de 37 a 28 diputados. Por su parte, ERC bajó de 21 a 10 diputados y los de Iniciativa de 12 bajaron a 10. Los tres pagaban así los disparates cometidos por el tripartito.

CiU, con Artur Mas a la cabeza, sumó 1.213.000 votos (el 38,4 %) y 62 diputados, lo cual le permitía formar cómodamente un Gobierno estable y duradero. ¿Por qué no lo quiso mantener?

La hoja de ruta

En primer lugar, porque la crisis acosaba con una capacidad de destrucción sin precedentes y no era cosa de echarse sobre sus espaldas los «recortes» sin cuento que le exigían en Bruselas, y, para más inri, con un endeudamiento previo disparatado. En efecto, ya en 2010 la Generalidad había emitido 2.500 millones en bonos. El primer efecto de aquella emisión fue que los gurús de Moody's rebajaron el *rating* de la Generalidad, dejándolo —para entendernos— al nivel del Banco de Sabadell. El año siguiente sacó al mercado una segunda emisión de bonos («patrióticos») por un monto total de 2.700 millones de euros. Los bonos a un año les rentaron a los suscriptores el 4,25 % y los bonos a dos años un 4,75 %. En cualquier caso, aquellas emisiones se colocaron entre los ahorradores particulares. ¿Y cómo se consiguió colocarlas? El truco fue tan «eficaz» como sencillo: la fuerte comisión que cobraron los bancos ¡¡hasta el 3 %!!, y, claro, las sucursales de los bancos-comisionistas se encargaron de «convencer» a sus clientes de la bondad de la inversión.

El resultado de la primera emisión fue fácil de medir: la Generalidad pagó el 7,75 % de coste financiero (4,75 % de interés a los inversores y 3 % de comisión a los bancos «colocadores»).

No era cosa de cargar con un muerto tan pesado, así que, ya antes de que se celebraran las elecciones generales en 2011, la Generalidad fue preparando su alternativa económica: «El pacto fiscal».

Celebradas aquellas elecciones el 20 de noviembre de 2011, los nacionalistas comprobaron que su «pata madrileña» en las Cortes Generales no funcionaría durante los primeros cuatro años, pues el PP había obtenido 10.870.000 votos, el 45,3 %, y 186 escaños, 10 por encima de la mayoría absoluta, con lo cual los 16 diputados de CiU no le eran necesarios al PP.

Puestas así las cosas, Artur Mas y sus colaboradores diseñaron su «hoja de ruta» en tres pasos: 1) Demostración de fuerza en la cual «el pueblo catalán» se expresaría a favor de la independencia. 2) Contando con ese apoyo, el President se presentaría en Madrid para plantearle a Rajoy las «justas reivindicaciones del pueblo catalán», consistentes en un «pacto fiscal» que le otorgase a la Generalidad un modelo como el *concierto* vasco («o me da usted el cupo vasco o nos subimos al monte y disuelvo el Parlamento catalán»). En caso de fracasar en Madrid, 3) disolución del Parlamento para ir a elecciones bajo un *leitmotiv*: «el derecho a decidir», es decir, montar todas las piezas hasta conseguir un objetivo: el referéndum de autodeterminación.

El punto 1 se concretó en una gran manifestación con ocasión del 11 de septiembre de 2012. Los nacionalistas pusieron toda la carne (y el dinero público) en el asador para que aquello fuera masivo y lo fue. El eslogan de la manifestación era ya claramente separatista: «Catalunya, nou Estat d'Europa» [Cataluña, nuevo Estado de Europa].

Artur Mas, tras la Diada de 2012, se trasladó a Madrid (paso 2) para reivindicar ante el presidente del Gobierno el pacto fiscal y Rajoy le debió de informar de que no estaban «las magdalenas para tafetanes» o, dicho en román paladino, que ni había dinero ni estaba dispuesto a abrir el melón de una fórmula de financiación autonómica (el concierto y el cupo) imposible de generalizar, argumentando, además, que esa fórmula se les había ofrecido a los representantes catalanes al inicio de los debates constitucionales y aquéllos no la habían querido porque, según los nacionalistas pensaban entonces, «una Generalidad que comience su andadura cobrando impuestos a los ciudadanos corre el riesgo de no consolidarse».

Lo que pedía Artur Mas («el pacto fiscal») existe en España: el País Vasco y Navarra recaudan y regulan todos los impuestos y pagan un «cupo» al Estado que debería cubrir la parte que les toca de las competencias estatales no transferidas. En la práctica, el cálculo de ese cupo es enormemente favorable a los territorios forales porque no incluye una aportación a la nivelación interregional (pese a que ésta es claramente una competencia no transferida) y, además, se infravalora mucho el coste del resto de las competencias no transferidas. También el ajuste por el IVA es más que discutible. Por no hablar de la Seguridad Social.

Tomemos el año anterior a la crisis, 2007. En 2007 el País Vasco pagó al Estado del orden de 4.500 millones menos de lo que tendría que haber pagado con una interpretación razonable de la Ley del Concierto. Gracias a ello, tuvo una financiación por habitante del orden del 60 % por encima de la media de las comunidades de régimen común, lo que constituye una clara violación del mandato constitucional, según el cual el régimen autonómico no puede comportar privilegios económicos y sociales. La tentación es comprensible: ¿por qué ellos sí y nosotros no?

El sistema de concierto es una reliquia del antiguo régimen que ha sobrevivido por accidente. No existe nada similar en ningún país federal avanzado, y por buenos motivos.

Mas volvió aquel mismo día a Barcelona «profundamente frustrado» y fue recibido en la plaza de San Jaime por un grupo «improvisado» de notables en el que estaban unos cuantos personajes que habían sido de izquierdas (cuando en «Madrit» gobernaba González) y que tras el tripartito habían descubierto que el futuro (y el dinero) estaba en manos de los separatistas. Artur Mas recibió *in situ* las adhesiones y poco después (paso 3) disolvió el Parlamento catalán y convocó elecciones para el 25 de noviembre de 2012.

El resultado de aquellas elecciones fue sorprendente: CiU obtuvo 50 diputados, perdiendo 12 respecto a las elecciones de 2010. ERC subió hasta 21 diputados, ganando 11. El PP, con 19 diputados, quedó casi igual (18 en 2010). Ciudadanos pegó un notable salto hasta obtener 9 diputados (3 en 2010); los excomunistas de Iniciativa obtuvieron 13 diputados (10 en 2010), y apareció una nueva formación de extrema izquierda y separatista, CUP, que consiguió 3 diputados. El PSC, con un nuevo candidato (Pere Navarro), siguió su carrera hacia ninguna parte y obtuvo 20 diputados, 8 menos que en 2010.

Aquellas elecciones autonómicas de 2012 merecen un comentario algo más detallado.

Analizados los resultados a nivel geográfico desagregado presentan novedades significativas[45]. En primer lugar, que «la cuestión nacional» provocó un aumento notable de la polarización geográfica de los resultados electorales, lo cual indica que esa polarización tiene más que ver con el «asunto nacional» que con la dimensión ideológica. En segundo lugar, este análisis pormenorizado permite correlacionar las pérdidas sufridas por CiU con los aumentos obtenidos por ERC. Se llega así a unos datos sorprendentes: las pérdidas de CiU se correlacionan negativamente con las ganancias de ERC, o, en otras palabras, donde más pierde CiU no es donde más gana ERC. Sin embargo, las pérdidas de CiU se correlacionan positivamente con la ganancia de Ciudadanos. Por otro lado, CiU fue capaz de mantenerse en los centros y ensanches de las ciudades, pero no en las periferias, y eso no ocurrió tan sólo en el área metropolitana de Barcelona. Por otra parte, ERC creció más en los núcleos y Ciudadanos creció más en las periferias.

Tanto CiU como el PSC comprobaron cómo en 2012 la distribución geográfica de su electorado tendía a partirse en dos: las áreas donde mantuvieron su voto y las áreas geográficas donde cayeron de manera notable.

Por otra parte, en 2012 se presentaron más partidos que nunca. En efecto, si bien el número de partidos con representación parlamentaria fue el mismo que en 2010, en 2012 se configuró un sistema de partidos más fragmentado que nunca.

---

45. Amat, F.: «Segunda dimensión y polarización geográfica de los resultados electorales», en *Cataluña en la encrucijada. Las elecciones catalanas de 2012*. Marcial Pons. 2014.

Siguiendo la experiencia de otros países, podía esperarse una caída de CiU de unos 9 puntos, y eso cuando las encuestas debatían acaloradamente si CiU ascendería o no hasta la mayoría absoluta. La realidad fue muy diferente a la descrita por las encuestas y el retroceso de CiU de unos 8 puntos porcentuales. Una caída homologable al castigo electoral sufrido por los Gobiernos europeos que conocieron una situación económica semejante. ¿Quiere decir esto que los catalanes castigaron a CiU por la crisis económica?

En absoluto. Si CiU perdió muchos votos, que se fueron desde su ala moderada a Ciudadanos y desde su ala soberanista a otras opciones más radicales, no fue por el malestar económico que sin duda existía por aquellas fechas en Cataluña. La encuesta del ICPS de 2012 destroza la hipótesis según la cual la pérdida de votos de CiU se debió al deterioro económico, y lo hace preguntando, por un lado, sobre la percepción económica subjetiva (muy mala, mala, regular, buena y muy buena) y, por otro, preguntando «¿A quién ha votado usted?». Normalmente, cuanto mejor es la percepción económica, mayor es la probabilidad de votar al partido que está en el Gobierno, pero en Cataluña esa norma de lógica elemental no se produjo en 2012, sino que la probabilidad de votar a CiU es decreciente con la percepción positiva. En otras palabras: cuanto mejor era la percepción subjetiva de la situación económica, menos se votó a CiU. Paradójico, desde luego, pero no tanto si se observan los gradientes del voto PSC+PP. Esta suma de votos sí es menor cuanto peor es la situación que percibe el elector.

Para Agustí Bosch[46], «una explicación verosímil (de la aparente contradicción que acabamos de describir) es que la campaña del

46. Bosch, A.: «La economía y las elecciones del 25N», en *Cataluña en la encrucijada. Las elecciones catalanas de 2012*. Marcial Pons, 2014.

"derecho a decidir" generalizó la convicción de que la gestión de la crisis que estaba haciendo el Gobierno estatal castigaba de manera desproporcionada a la economía catalana. Lógicamente, el objetivo principal del uso de este argumento era proporcionar un buen alegato económico para legitimar la opción independentista, pero, junto con ello, se difundió la idea de que el responsable de la coyuntura económica catalana era el Gobierno español».

En otras palabras: a pesar de su caída electoral, CiU supo sacudirse de encima las moscas de los efectos deplorables de la crisis.

Y luego dicen que los aparatos de propaganda poco tienen que ver con la *falsa conciencia* imbuida en las cabezas y en los corazones de los conversos al separatismo.

Aquel 11 de septiembre de 2012, aparte de poner en el disparadero a la Generalidad para abrir la lata del proceso secesionista, el nacionalismo catalán —según nos han recordado Juan Antonio Cordero y Félix Ovejero—[47] expresó por primera vez y de forma intimidatoria su voluntad de excluir socialmente a los catalanes no nacionalistas. Tras treinta años de ambigüedades calculadas, ya no había margen para la confusión. Tras décadas durante las cuales se defendió hipócritamente la «unidad civil» de Cataluña mientras se la erosionaba con sus políticas, el nacionalismo situó aquel día a Cataluña en un horizonte de conflicto civil y fractura social.

> Aquel 11 de septiembre —dicen en su artículo Cordero y Ovejero— los catalanes asistimos a la puesta en escena de un movimiento vertical de «buenos catalanes». Un movimiento nacido y criado a los pechos del

47. Cordero, J. A. y Ovejero, F.: «La fractura catalana». *Clave ciudadana.*

poder nacionalista para apuntalar su posición en un momento en que la crisis y la mala gestión de la Generalitat amenazaban con debilitarlo. No se trataba de presionar al poder desde la sociedad, se trataba de amedrentar a una parte de la sociedad —la no nacionalista—, la más vulnerable y la más vulnerada, y por ello la más susceptible de reaccionar contra la lluvia de recortes impuestos por Mas. Se trataba, en fin, de representar un cierre de filas en torno al líder que en una sociedad democrática sólo se puede conseguir silenciando la discrepancia.

Intelectuales y obreros

Elevemos el vuelo un poco más para movernos, por un momento, en las alturas en las que surcan el cielo las águilas de la intelectualidad catalana que antes era izquierdista y ahora separatista. Como ilustración significativa citaré aquí un artículo publicado en *La Vanguardia* el 15-IX-2012 a propósito de la Diada y titulado «Catalunya, ¿revolución tranquila?».

El artículo comienza subido en un lirismo algo trasnochado:

> La fiesta multicolor y familiar, con tres generaciones de una familia abrazándose y riendo, las jovencitas pintadas de independencia, los cánticos, los acentos y fanfarrias de pueblos y comarcas, los *castellers* infantiles, los jocosos gracejos, el mar de *estelades* ondeando al viento, y esa firmeza alegre en que la *rauxa* dejaba paso a la calma convicción de que ya se había llegado. De que Catalunya sería independiente [...] «La independencia es la solución», proclamaban sus pancartas al ardiente cielo de verano.

Y tras este desahogo lírico que Pemán hubiera alabado, el autor entra en materia, se postra ante el buen hacer del líder carismático, anunciando la llegada al paraíso:

> Artur Mas, que está ejerciendo de líder tranquilo y firme de la transición nacional, convocará elecciones y un Parlament mayoritariamente soberanista convocará un referéndum con garantías, aun al margen de la ley española.

El artículo mostraba además otros perfiles más precisos:

> La palabra revolución, estrictamente hablando, se refiere a la transformación de las relaciones de poder en una sociedad, puesto que las instituciones que las expresan son matriz de la vida de la gente. Y el poder se expresa en el Estado. Por eso proclamar la independencia de Catalunya sería una revolución: el actual Estado español dejaría de existir y un nuevo Estado europeo vería la luz, tal y como hicieron recientemente los estados balcánicos o exsoviéticos o Eslovaquia y según aspiran Flandes y Escocia.
>
> ¿Por qué ahora? Las revoluciones suelen resultar de la concatenación de varios factores. Una crisis económica profunda que deja a mucha gente, y en particular a los jóvenes, sin medios de vida. La rapacidad de los amos del dinero. La desconfianza en las instituciones políticas y el rechazo a quienes las ocupan. El escepticismo sobre promesas nunca cumplidas. Y sobre todo la humillación personal y colectiva por parte de los mandamases.

Pues bien, el firmante del artículo, Manuel Castells (nacido en Albacete), un pensador de izquierdas «de toda la vida»[48], parece ahora dispuesto a ilustrar todos los defectos que el francés Julien

48. Fue un insigne colaborador de aquel famoso trabajo «prospectivo» que realizó el PSOE a impulso de Alfonso Guerra y que se tituló «España 2000». Antes, en 1968, fue expulsado de Francia por su relevante participación en *les événements de mai*.

Benda describió en *La traición de los clérigos* (una crítica amarga de los intelectuales entregados al nacionalismo).

Poco después, en un artículo («Entusiasmados por el poder») publicado en *El País*, el historiador Santos Juliá explicaba este cambio de chaqueta de muchos «intelectuales» izquierdistas catalanes del que era ejemplo Manuel Castells. Merece la pena leer los pasajes más significativos del artículo de Juliá:

> Después de la derrota de los fascismos y del derrumbe de los comunismos, los intelectuales que habían alimentado de entusiasmo las religiones políticas en los años treinta se convirtieron en seres más bien escépticos y descreídos en los noventa [...] marginados del poder, irónicos, meros observadores, tábanos modernos como los definió Teodorov, parecía que los intelectuales habían hecho mutis al fin de siglo. Pero aquí están de nuevo, con el entusiasmo a flor de piel, experimentando otra vez, y a edad más que madura, con la piel curtida de derrotas y retiradas, la embriagadora sensación de comienzo, otra vez el resurgimiento, la partida, el *Aufbruch*, los *lendemains qui chantent*, otra vez a punto de atravesar el umbral de un nuevo mundo, como si toda la historia estuviera aún por escribir, como si todo el sentido de los siglos pasados se concentrara en este promontorio desde el que se divisa una nueva Jerusalén.
>
> Jamás las generaciones de intelectuales que arropan ahora al presidente de la Generalitat o aplauden sus iniciativas pensaron que su revolución tuviera algún día el nombre de nación. Hoy lo han recuperado: la revolución se llama nación [...] El pueblo ha salido a la calle y no faltan intelectuales que recurran al viejo ardid de todos los populismos: señalar al Otro como responsable de todos los males que nos afligen. Porque una cosa es clara: esta especie de revolución no se dirige contra el poder, sino desde el poder.

Si uno pensaba que la capacidad de penetración de una ideología reaccionaria, como es la nacionalista, sería muy difícil, por no decir imposible, en el campo de los intelectuales de izquierda, más lo sería en el terreno sindical, con una Historia forjada en mil luchas bajo el manto de un pensamiento internacionalista. Pero también ahí estábamos errados. Nada más empezar el baile soberanista, las dos grandes centrales de implantación general, UGT y CC. OO., por boca de sus líderes en Cataluña se subieron al carro separatista afirmando que ellos también estaban a favor del «derecho a decidir». Para mostrar el ridículo que habita detrás de esa deriva bastará con la anécdota que se narra a continuación:

De lo que fue la Canadiense (empresa famosa por la huelga de 1919 —ya citada aquí— tras la cual se instauraría en España el horario de trabajo de ocho horas) sólo quedan hoy las chimeneas y «Tres chimeneas» es el nombre del parque allí construido del cual disfrutan hoy los barceloneses. Pues bien, en mayo de 2014 y con esas chimeneas como fondo, se hicieron unas fotos José María Álvarez y Juan Carlos Gallego, líderes catalanes, respectivamente, de UGT y de CC. OO. Pero no aparecían solos en las fotografías, los acompañaba Muriel Casal, presidenta de una organización llamada Omnium Cultural.

Omniun Cultural fue fundada en 1961 por Félix Millet, quien era entonces presidente del Banco Popular y de la aseguradora Chasyr (fundada en 1879). Félix Millet fue, también, el padre de un individuo del mismo nombre a quien se acusa de haber malversado fondos del Palau de la Música. También fue cofundador de Omnium el señor Carulla, que fue dueño de Gallina Blanca y representante de los Rockefeller en Cataluña, y Pau Riera, presidente entonces de Simex. Al Omnium Cultural ha pertenecido desde entonces la flor y nata de esas 400 familias que, según Félix Millet, hijo, siguen mandando en Cataluña.

Omnium es hoy una institución que, bien engrasada desde la Generalidad, se dedica a agitar las conciencias y a mover «esteladas». Esas banderas cubanas que exhiben los separatistas a favor de la independencia.

La foto aludida se publicó encima de esta consigna: «El món del treball pel dret a decidir». Y uno, al contemplar la foto, se pregunta: ¿qué hacen esos dos sindicalistas metidos en la cama con lo más florido de la oligarquía catalana?

La respuesta nos la da el escritor Javier Pérez Andújar. Hela aquí:

> Lo que se ve en esa foto, en realidad, es a dos dirigentes sindicales que han elegido una institución fundada por la oligarquía y el tipo de país que ésta propone. De algún modo, esta pareja de sindicalistas se ha dado cuenta de que ser español es cosa de pobres.

Un nuevo mito: «España nos roba»

Poco antes de la Diada de 2012 los separatistas inundaron las redes sociales con un panfleto dirigido a los catalanes que se sienten también españoles y en un castellano bastante deplorable (que aquí se ha corregido) escribían lo siguiente:

> Si dejamos las razones identitarias a un lado y nos centramos en el día a día, ¿quién puede defender el expolio que padecen todos los catalanes, independientemente de si se sienten españoles o catalanes?
>
> ¿Quién puede defender que los estudiantes catalanes reciban sólo el 5 % de todas las becas del estado y los estudiantes de Madrid reciban el 58 %?
>
> ¿Quién no querría ver aumentada la renta per cápita anual de los catalanes en unos 2.400 € al año si tuviésemos seguridad social propia?

¿Quién puede defender que el Ministerio de Cultura haga un gasto anual por cada español de 47 € y por cada catalán sólo de 5 €?

¿Quién querría viajar con el 40 % de los trenes construidos por el Estado durante la década de los setenta que se consideraron obsoletos y que aún circulan por Catalunya, mientras que Madrid sólo tiene el 4 %?

¿Quién no querría ver a su país 7 veces más rico como dijo el Premio Nobel de Economía Aplicada en la Universidad de Barcelona el pasado mes de mayo?

¿Quién puede defender que 1 de cada 3 años el Ministerio de Fomento no invierta nada de nada en Catalunya?

¿Quién quiere, pese a ser catalán y sentirse español, que cada año nos roben 20.000 millones de euros, siendo así la región del mundo que sufre más déficit por parte de su Gobierno? ¿Realmente sentirse español en Catalunya compensa eso?

Como residente en Catalunya, ¿quién puede tolerar que por cada 12,7 millones de euros que se invierten en medioambiente en el aeropuerto de el Prat, se inviertan 300 millones en el de Barajas?

Por muy españolista que uno sea en Catalunya, ¿se puede defender que entre 1985 y 2005 sólo se hayan construido en Catalunya 20 km de autovías, mientras que en Madrid se hagan cerca de 900 en idéntico periodo? ¿Se puede aceptar y no protestar cuando en Catalunya sólo se invierte un promedio del 12 % del PIB español anual pese a aportar el 22 % del mismo PIB español?

¿Se puede aceptar el agravio que hemos sufrido con el AVE? En Catalunya, para el AVE, el Gobierno invirtió 316 € por catalán, pero en el mismo año invirtió 1.198 € por andaluz, 894 € por madrileño, 574 € por aragonés y 407 € por castellano-manchego.

¿Se puede aceptar pagar peajes y más peajes? Con la dependencia de Catalunya con respecto a España nosotros los catalanes, independientemente de si nos sentimos españoles o catalanes, estamos perdiendo la oportunidad de vivir mejor. Estamos perdiendo la oportunidad de dar un futuro mejor a nuestros hijos.

España es un mal negocio a nivel cultural pero sobre todo a nivel económico, y lo es porque tratar a Catalunya como una colonia forma parte de su *leitmotiv* nacional.

Y, para acabar, el Gobierno español regalará al Real Madrid un millón de euros con la excusa de que el Real Madrid sirve a la imagen de España en el resto del mundo. Se deduce, por tanto, que los catalanes también subvencionamos al Real Madrid.

Passa-ho, com més gent ho llegeixi millor.

La DIFUSIÓN es un arma cargada de futuro.

Todos y cada uno de los datos contenidos en este panfleto, como fácilmente se puede comprobar, son absolutamente falsos, pero poco importa. El mensaje goebbelsiano sí es claro. Se trata de repetirlo muchas veces.

Para mostrar hasta qué punto España «robaba» a Cataluña, los nacionalistas comenzaron hace ya tiempo a hablar de un método que avalara el mito de «España nos roba» y ese método se llamó «balanza fiscal». ¿En qué consiste una balanza fiscal? En calcular cuánto ingresa el Estado proveniente de Cataluña y cuánto se gasta en aquel territorio. La diferencia entre esas dos cantidades nos daría el superávit o el déficit que tiene Cataluña respecto al Estado.

La noción de las balanzas fiscales encierra una idea mentirosa. ¿Por qué? Porque los impuestos los pagan las personas —sean físicas o jurídicas— y no los pagan las regiones ni las nacionalidades. Por lo tanto, imaginemos la siguiente balanza fiscal: impuestos y tasas pagados por don José García menos el valor de los servicios públicos (municipales, autonómicos, estatales) recibidos por don José García.

No creo que haya ningún José García que sea tan minucioso (o tan insolidario) como para evaluar la subvención que recibe cada vez que toma el autobús o el metro, cada vez que va al médico del Sistema Nacional de Salud... Pero imaginemos, en contra de toda evidencia, que José García, después de hacer esas cuentas, resulta que paga más en impuestos y tasas de lo que recibe en bienes y servicios públicos. ¿Alguien le haría el menor caso si García se presentara con una pancarta en el n.º 2 de la calle de Alcalá (Ministerio de Hacienda) pidiendo que le equilibren su balanza fiscal? García no va a ir por allí con la pancarta porque sabe que si todas las balanzas fiscales personales estuvieran equilibradas, los impuestos servirían para muy poco.

Aunque el concepto de balanzas fiscales puede ser claro, hacer la correspondiente cuantificación es todo menos sencillo y requiere de una metodología harto compleja[49] que aquí se obviará. Las estimaciones más razonables del saldo fiscal de Cataluña, según Ángel de la Fuente[50], apuntan hacia un déficit neutralizado de entre un 5 % y un 6 % del PIB de la región. ¿Es esto mucho o poco? Veámoslo, pero según Ángel de la Fuente conviene tener presente que, en cualquier país en el que existan disparidades territoriales significativas, la combinación de impuestos crecientes con la renta (no hace falta siquiera que sean progresivos) con un nivel de protección social razonablemente uniforme en todo el territorio generará importantes saldos fiscales, positivos en las regiones más pobres y negativos en las más ricas.

Si, por un lado, se calcula el saldo fiscal respecto al PIB regional y por otro el PIB por persona respecto a la media nacional, los

49. Barberán, R.: «Los estudios sobre balanzas fiscales regionales en España (1960-2005)». Instituto de Estudios Fiscales. 2006.

50. De la Fuente, A.: «Balanzas fiscales: una breve introducción». *El Cronista*, n.º 12.

resultados no dejan de ser llamativos. En efecto, los cálculos realizados (datos de los años 2001-2005) por el citado Ángel de la Fuente conducen a un gráfico en el cual Cataluña se coloca precisamente sobre la recta de regresión, es decir, que paga lo que tiene que pagar y recibe lo que tiene que recibir según la norma que se aplica en España para todas las CC. AA.

Por debajo de esa media están Andalucía, Murcia, Valencia, Baleares y Madrid, pero las tres primeras (Andalucía, Murcia y Valencia) tienen un saldo fiscal positivo. En otras palabras: con saldo fiscal negativo y por debajo de la media están tan sólo Baleares y Madrid, siendo la peor tratada —y con diferencia— Madrid, que tiene un saldo fiscal negativo del 12 % de su PIB, siendo su PIB por persona de España el más alto de España (31,3 % por encima de la media). Quienes, como era de esperar, se salen de la norma son las comunidades forales (Euskadi y Navarra), que tienen un saldo fiscal positivo pese a ser dos regiones que superan la media del PIB *per capita*; concretamente, Euskadi es, después de Madrid, la Comunidad Autónoma con mayor PIB por persona.

En cualquier caso, como ha mostrado Ángel de la Fuente en su documentado artículo, en lo tocante a los saldos fiscales la situación española no difiere significativamente de lo que ocurre en países como Canadá, Italia, Australia o Reino Unido.

Pese a estos y otros tantos razonamientos que se pudieran mostrar, ni Mas ni Junqueras se bajarán nunca del burro y con una insistencia tan mentirosa como pertinaz siguen asegurando que una Cataluña independiente dispondría, al eliminar la balanza fiscal, de 16.000 millones de euros más. Es falso, y si el lector desea confirmar tal falsedad se recomienda leer un artículo que Josep Borrell publicó en *El País* el 20 de enero de 2014.

Por lo tanto, lo único que nos dirán las balanzas fiscales agregadas por territorios en caso de déficit, por ejemplo en Cataluña, es que allí abundan más que en el conjunto de España aquellas personas (físicas o jurídicas) que pagan más a la Agencia Tributaria y si el sistema español fuera progresivo —que no lo es—, se podría decir que allí abundan más las personas ricas que en el resto de España.

En 2013, el déficit producido por las pensiones en la Seguridad Social española (cotizaciones menos pago de pensiones) fue de 44.467 millones de euros, el 4,4 % del PIB español. Si ese déficit respecto al PIB se calcula para cada Comunidad Autónoma, esas proporciones se disparan en el norte de España: 12,4 % en Asturias, 7,0 % en Galicia, 6,8 % en Cantabria, 5,0 % en el País Vasco y 6,7 % en Castilla y León. Por su parte, Navarra tuvo un déficit, vía pensiones, del 2,9 % de su PIB.

En Cataluña, durante 2013, las pensiones generaron un déficit de 6.700 millones de euros que fue cubierto, claro está, con los impuestos del conjunto de los españoles (menos los vascos y los navarros). Déficits a los cuales jamás aluden los «finos» economistas que peroran al servicio del separatismo catalán, cantando y contando las delicias de la independencia. Mentiras que en román paladino se traducen en ese mantra según el cual «España nos roba».

En términos absolutos, el País Vasco (3,1 miles de millones) y Navarra (500 millones) tuvieron un déficit de 3.600 millones de euros, que el Estado cubrió vía impuestos. ¿Quién pagó esos impuestos? Pues todos los contribuyentes españoles excepto los vascos y los navarros. Gracias a su sistema foral, vascos y navarros no pagan a la hora de cubrir los déficits de la Seguridad Social en aquellos «territorios forales», pues el «cupo» que Euskadi y Navarra pagan al Estado (en verdad, una cantidad ridícula) no se destina a cubrir el déficit de las pensiones. En otras palabras: que al privilegio foral se une el escarnio de unas pensiones deficitarias que tenemos que pagarles a vascos y navarros el resto de los contribuyentes españoles.

Lo que no se puede entender es que ante estos déficits el Estado y los grandes partidos callen y no les restrieguen por el rostro estas cifras a los separatistas, ya sean gallegos (7 % de su PIB), vascos (5 %) o catalanes (3,5 %).

En cualquier caso, lo peor que le puede ocurrir al sistema de financiación de las CC. AA. es que se metan en él pactos de carácter bilateral, que es lo que le ha ocurrido en el abstruso y confuso sistema vigente, que, por cierto, caducó el 31 de diciembre de 2013. Un sistema que ha generado diferencias anuales de hasta 1.000 euros en financiación por habitante. Otro despropósito zapateril que fue realizado en su día para favorecer a Cataluña y a Andalucía y en contra de la Comunidad de Madrid y de Baleares.

No sé por qué, pero siempre que veo una pancarta con la inscripción «Espanya nos roba» me viene a la cabeza el nombre de Félix Millet. Millet es el «ciudadano que nos honra» (en 2008 Montilla le dio este título). También se le otorgó la Creu de Sant Jordi (Pujol) y la llave de Barcelona (Maragall). Era la quintaesencia de la cultura oficial catalana. Una persona de bien. Empero, a Millet se le acusa de haber «distraído» entre 20 y 30 millones del Palau de la Música. En esto Millet era un digno representante de la Cataluña que no responde ante los ciudadanos, ni siquiera ante Dios ni ante la Historia. Sólo responde ante sí misma.

Millet sostenía que en Cataluña «siempre han mandado cuatrocientas familias», cuyos miembros fueron franquistas leales (y prácticos) para pasarse luego, sin cambiarse de desodorante, a servir al nacionalismo con «alma, corazón y vida». Tenían, en efecto, convicciones firmes, pero cambiantes.

Tampoco el PSC está libre de culpa en este asunto. Por ejemplo, Bartomeu Muñoz, alcalde de Santa Coloma de Gramenet, hizo colla con Maciá Alavedra y Lluís Prenafeta (íntimos amigos de Pujol) y tienen un proceso abierto por malversación. Es lo que tiene el «hecho diferencial»: mientras que en otros lugares de España los corruptos de un partido roban solos, en Cataluña «afanan» todos juntos.

Mas para enriquecerse, ahí está la saga de los Pujol. Una familia «milagrosamente» enriquecida[51].

El papel del PSC

> *Tradicionalmente se ha creído en este país —sobre todo entre quienes se consideran progresistas— que decir o, aún peor, hacer algo nítidamente claro contra los nacionalismos era empeorar las cosas. Si uno argumentaba contra las falacias de los agravios históricos o fiscales, contra las identidades milenarias, contra la inmersión lingüística que conculca el derecho a elegir ser educado en la lengua común, etcétera... siempre había un asno solemne para advertirnos de que estábamos «fabricando independentistas».*
>
> Fernando Savater

Tras las elecciones europeas celebradas el 25 de mayo de 2014, el PSC, con 358.500 votos y el 14,3 % (los más bajos de su historia electoral), afronta hoy (igual que el PSOE) una crisis que puede resultar terminal. Harto de las tensiones internas y asumiendo ese mal resultado, Pere Navarro (igual que Rubalcaba) dimitió poco después de las elecciones.

¿Cómo se ha llegado hasta aquí?

Para responder a esa pregunta resulta imprescindible echarle una mirada al cuadro adjunto (cuadro 1):

51. El 25 de julio de 2014 Jordi Pujol padre confesó tener millones opacos en el extranjero. Pocos días antes, su hijo Oriol había dimitido de diputado tras ser procesado.

Cuadro 1

Resultados de los socialistas en Cataluña. Elecciones generales y autonómicas

Generales				Autonómicas				Diferencias	
Año	Votos en miles	%	Diputados	Año	Votos en miles	%	Diputados	Votos en miles	Puntos porcentuales
1977	870	28,6	15						
1979	876	29,8	17	1980	607	22,4	33	69	+7,4
1982	1.576	46,0	25	1984	866	30,1	41	710	+5,9
1986	1.300	41,2	21	1988	803	29,8	42	497	+11,4
1989	1.124	35,8	20	1992	728	27,6	40	396	+8,2
1993	1.278	35,1	18	1995	802	24,9	34	476	+10,2
1996	1.531	30,0	19	1999	1.183	37,5	52	-348	-7,5
2000	1.151	34,6	17	2003	1.024	31,2	42	127	+3,4
2004	1.587	39,8	21	2006	796	26,8	37	796	+13,0
2008	1.690	46,1	25	2010	575	18,4	28	915	+27,7
2011	923	27,2	16	2012	498	13,7	20	425	+13,5

Fuente: Elaboración propia a partir de los datos del Ministerio del Interior

Lo primero que llama la atención es que los resultados en votos y en porcentajes son sistemáticamente mejores en las elecciones generales que en las autonómicas, con una excepción: los resultados en las autonómicas de 1999 fueron mejores que los obtenidos en las generales de 1996.

Esta esquizofrenia electoral merece un comentario, pues de ella nacen, a mi juicio, los problemas que hoy atenazan al PSC. Se diría que una parte significativa del electorado catalán que vota al PSOE en las generales —muchos de ellos inmigrantes o sus descendientes— se debió y debe hacer reflexiones parecidas a éstas: «las elecciones autonómicas no son algo que me importe» o «en ellas votaré a los nacionalistas, que sacarán más tajada en Madrid».

Esa aparente impotencia está, en mi opinión, en el origen de la fallida apuesta de Maragall, quien, a mi juicio, digirió mal la pérdida de la Presidencia en 1999 cuando la ley electoral catalana le dejó atrás en escaños, pese a haber ganado en votos. A la vista de ese resultado se metió en una música identitaria con el solo objetivo de atraer a ERC y así desplazar a CiU de la Generalidad.

Ya vimos en su carta a Felipe González las previsiones de Maragall, según las cuales ERC estaba destinada a desplazar a CiU de la hegemonía política en Cataluña, de la misma manera que había ocurrido durante la II República, cuando la ERC de Maciá y Companys redujo a cenizas a la Lliga. Es posible, incluso es probable, que Maragall acabe por tener razón, pero, tal y como van las cosas, eso puede ocurrir después de la desaparición del PSC.

En cualquier caso, tras el éxito frustrado de 1999 y una vez practicado el abrazo del oso con el separatismo de ERC, el PSC ha pasado de 1.183.000 votos en 1999 a 498.000 en 2012 y del 37,5 % de los votos al 13,7 % en 2012. Mas lo peor no es eso, sino el empecinamiento en el error, en querer seguir colocados en una ambigüedad insostenible, con una «doble alma» que es cada vez más difícil de entender. Al fin y al cabo, como decía mi abuelo, «para salir de un hoyo, lo primero que hay que hacer es dejar de cavar», y el PSC se ha mantenido demasiado tiempo con el pico y la pala en sus manos.

No sé si la destrucción del PSC estaba entre los objetivos de la embestida separatista, pero, aun sin pretenderlo, lo ha conseguido y cualquier analista medianamente atento lo habría previsto.

Desde una visión simplemente lógica, si uno está contra un objetivo, en este caso contra la independencia de Cataluña, debería estar en contra de los medios que pretenden utilizar quienes persiguen esa independencia. Pues bien, preguntado Mauricio Lucena, que es ahora portavoz del grupo socialista en el Parlamento de Cataluña, por qué estando contra la secesión de Cataluña estaba a favor del «derecho a decidir», contestó que él estaba a favor porque el 70 % de los catalanes lo estaba.

—¿Dónde vas, Vicente?

—Donde va la gente.

Aun sin saberlo, con esta contestación de pata de banco Lucena definió muy bien la deriva renqueante del PSC. Un partido que «se deja llevar», con unos dirigentes que, a menudo, han entendido la política como el arte de agacharse ante los problemas. En efecto, el PSC se ha convertido, desde hace ya bastante tiempo, en un partido que corre detrás del viento, pero un partido se crea y existe para convencer al público, no para dejarse llevar por la marea.

Tal y como se han puesto las cosas en Cataluña, la divisoria de aguas en la política catalana está hoy entre los partidarios de la secesión y los contrarios a ella. Allí han puesto los separatistas la valla y, una vez colocada allí, no caben medias tintas, pues a estas alturas, la hoja de ruta de los separatistas está bastante clara:

1. Derecho de autodeterminación.
2. Primer referéndum, y si sale NO, repetirlo cuantas veces sea necesario hasta que salga SÍ.
3. Y si sale una vez SÍ, se acabaron los referendos, pero seguirán dando la matraca contra su único enemigo, España, reivindicando «los territorios irredentos»: islas Baleares, Valencia y un trocito de Aragón.

En su intento por cerrar heridas y acortar el abismo abierto entre el PSC y el PSOE, Alfredo Pérez Rubalcaba entendió —junto a Pere Navarro— que una propuesta federalista, aunque fuera difusa y vaga, podía conseguir un consenso entre el PSC y los líderes socialistas de las distintas regiones. Así, el 6 de julio de 2013 en el Consejo territorial (celebrado en Granada) Rubalcaba consiguió dar un notable paso en esa dirección al aprobar —con el apoyo, claro está, de Pere Navarro— un documento que le permitió decir en la clausura de la reunión lo siguiente: «Lo que hoy compartimos con el PSC es un proyecto para Cataluña y para España. Un proyecto para seguir juntos, esto es lo que hemos sacado [de la reunión]. Un proyecto que sale al paso de la situación que hay en Cataluña», prefigurando así las conclusiones que luego se aprobaron en la conferencia de noviembre (2013).

A propósito de esta apuesta federal del PSOE, el catedrático de Derecho Constitucional Javier García Fernández[52], un hombre próximo al socialismo, escribió lo siguiente:

> La iniciativa socialista no está exenta de problemas. Por un lado, se ha dicho que nuestro Estado es cuasi-federal, por lo que proponer un modelo federal es una iniciativa más retórica que real, dado que los cambios no serían muy significativos.

García Fernández avanzaba a este propósito una hipótesis interesante:

> Hay mucha gente que está convencida de que el independentismo catalán ha sido promovido por una élite nacionalista. Si ese discurso ha calado, es por un motivo: porque las clases medias y las clases populares están sufriendo el desmantelamiento del Estado social.

Y se les ha convencido —añado yo— de que el culpable no está en Barcelona, ni en Bruselas, ni siquiera en Berlín: el responsable reside en Madrid.

También Fernando Savater[53] ha opinado sobre este asunto del federalismo:

52. García Fernández, J.: «Un pacto para la reforma constitucional». *El País*, 3-XII-2013.

53. Savater, F.: «Hacerse el loco». *El País*, 13-XII-2012.

> Ahora los contemporizadores apuestan por el federalismo, una propuesta que en su día —más anteayer que ayer— podría haber servido para clarificar los límites de los autogobiernos regionales, pero que ni ayer ni hoy contentará a quienes pretenden abolirlos. El objetivo de las federaciones es organizar a quienes están separados y quieren unirse, no dar cauce a la asimetría y la desunión de los ya unidos.

El federalismo puede ser un concepto impreciso, pero no sirve para cualquier roto o para cualquier descosido. No puede servir, por ejemplo, como comodín con el que salir del paso de la grave crisis política, social e institucional en la que nos ha metido a todos el nacionalismo catalán.

El hambre de autogobierno que hoy manifiestan los nacionalistas, convertidos ya en separatistas, no parece que vaya a saciarse ni con nuevos Estatutos ni —digámoslo claramente— con ningún Estatuto ni con «reformas federales». En efecto, en la reciente Historia de España no se había producido antes un guirigay soberanista de envergadura igual a la que estamos viendo hoy. La música nacionalista nos era conocida, y también nos era familiar la letra, pero la orquesta y los tambores jamás habían sonado con tanto estruendo.

Unas palabras de Josep P. Colomer[54], poco sospechoso de centralista, pueden servir aquí para introducir la *rauxa* y el *seny* en este debate:

> La actual aventura catalanista viene a confirmar unos resortes psicológicos bien acumulados por repetidas experiencias históricas de expec-

54. Colomer, J. M.: «Ni España ni Cataluña: no hay soberanía en Europa». *Política Exterior*. Noviembre-diciembre de 2013.

> tativas y fracasos: la sensatez y el arrebatamiento (el *seny* y la *rauxa*). Esta dualidad algo enfermiza que ha sido repetidamente codificada por filósofos e historiadores no es resultado de una innata disociación mental, sino que expresa una dinámica muy conocida de diálogo y confrontación.

El guión típico —añado yo— que suele comenzar con una propuesta de los nacionalistas catalanes respecto a las relaciones políticas con los españoles; pero cuando la propuesta se revela inútil, estalla la *rauxa*. Una y otra vez la serie ha incluido la «impotencia coercitiva» catalana y la consiguiente frustración, a la que sigue una reacción de despecho.

VII

¿Y AHORA QUÉ HACEMOS?

Sólo los muy sectarios pueden sostener sin pestañear que la deriva actual de la política en Cataluña nada tiene que ver con lo que le está pasando a su economía. En primer lugar —y a largo plazo—, los sucesivos Gobiernos de la Generalidad han visto —y lo han visto con horror— cómo su odiado *Madrit* se convertía en el mayor foco de desarrollo de España, colocando a Cataluña en un indeseado segundo o tercer lugar (la economía de Euskadi se ha mostrado en estos últimos cuarenta años más dinámica y, sobre todo, más versátil que la catalana).

Y en esto llegó la crisis y las cosas se pusieron duras para todos, pero se pusieron aún peor en Cataluña. En efecto, en 2008 el PIB decreció un 0,2 %. La crisis se acentuó en 2009, con una caída del PIB del 4,2 %. En los años siguientes, el crecimiento fue extremadamente modesto, y la economía catalana volvió a caer en 2012, como lo ha hecho también en 2013.

La principal y más grave consecuencia de esta evolución ha sido el aumento del desempleo. Si el año 2007 se cerró, según la Encuesta de Población Activa (EPA), con una tasa de paro del 6,6 %, en 2013 la tasa de paro había superado el 24 %. El aumento del desempleo se ha cebado en el sector privado de la economía, pero también han sido notables los efectos sobre el sector público, tanto en términos de contratación de personal como de sueldos y de servicios ofrecidos a los ciudadanos.

Ante esta dura situación, los gobernantes catalanes y sus aparatos de propaganda podían haber ofrecido a los ciudadanos de Cataluña, como Churchill a los británicos en 1940, «sangre, sudor y lágrimas», pero era más cómodo políticamente y más rentable buscar un culpable, el chivo expiatorio de siempre, aquel que tenían muy a mano: la España «que nos roba».

¿Cuál era la mejor y más fácil manera de cargar la mano sobre la «hermanastra que nos roba»? No había que darle muchas vueltas a la cabeza para sacarse de la manga un argumente imbatible y *democrático*: «el derecho a decidir».

¿Cómo ha funcionado esta estrategia sobre la opinión? Valgan lo que valgan los estados de opinión y suponiendo que los datos del Centro d'Estudis d'Opinió (CEO) no estén demasiado «retocados», los resultados publicados por el CEO son los que aparecen en el cuadro 2.

Las preferencias por un Estado independiente se mantuvieron relativamente bajas hasta 2010, pero se dispararon sobre todo a partir de 2012. Entre junio y octubre de ese año, las preferencias por un Estado independiente subieron más de 10 puntos, crecimiento que ni los más ingenuos pueden calificar de espontáneo. A este respecto, resulta muy significativo que el sondeo (publicado en octubre de 2012) se realizara en torno a la famosa Diada.

A mi juicio, lo que estos sondeos muestran es la gran capacidad de convicción que tienen los aparatos ideológicos del separatismo. Un éxito que, en buena parte, se debe a la debilidad y sobre todo la inhibición de quienes tenían —y tienen— la obligación de dar la batalla al separatismo. En primera línea de esa responsabilidad están el Gobierno y los grandes partidos nacionales (PP y PSOE). Ambos parecen no querer enterarse de una obviedad: «Las batallas que no se dan se pierden todas».

Cuadro 2

Evolución de preferencias constitucionales en Cataluña (en porcentaje)

Barómetro	Estado independiente	Estado Federal	Comunidad Autónoma	Región	NS/NC
jun-05	13,6	31,3	40,8	7,0	7,3
nov-05	12,9	35,8	37,6	5,6	8,1
mar-06	13,9	33,4	38,2	8,1	6,3
jul-06	14,9	34,1	37,3	6,9	6,8
oct-06	14,0	32,9	38,9	8,3	5,9
nov-06	15,9	32,8	40,0	6,8	4,5
mar-07	14,5	35,3	37,0	6,1	7,1
jul-07	16,9	34,0	37,3	5,5	6,4
oct-07	18,5	34,2	35,0	4,7	7,5
nov-07	17,3	33,8	37,8	5,1	6,0
ene-08	19,4	36,4	34,8	3,8	5,7
abr-08	17,6	33,4	38,9	5,1	5,0
jun-08	16,1	34,7	37,0	6,1	6,1
oct-08	17,4	31,8	38,3	7,1	5,4
ene-09	16,1	35,2	38,6	4,5	5,6
abr-09	20,9	35,0	34,9	4,4	4,7
jun-09	19,0	32,2	36,8	6,2	5,8
oct-09	21,6	29,9	36,9	5,9	5,7
ene-10	19,4	29,5	38,2	6,9	6,0
abr-10	21,5	31,2	35,2	7,3	5,7
jun-10	24,3	31,0	33,3	5,4	5,9
oct-10	25,2	30,9	34,7	5,9	3,4
ene-11	24,5	31,9	33,2	5,6	4,8
jun-11	25,0	33,0	31,8	5,6	4,1
oct-11	28,2	30,4	30,3	5,7	5,4
feb-12	29,0	30,8	27,8	5,2	7,2
jun-12	34,0	28,7	25,4	5,7	6,3
oct-12	44,3	25,5	19,1	4,0	7,1
ene-13	46,4	22,4	20,7	4,4	6,1
jun-13	47,0	21,2	22,8	3,6	4,4

Fuente: Barómetros del Centre d'Estudis d'Opinió

Cuando se pregunta por las razones de un voto afirmativo por la independencia, más de uno de cada tres encuestados responde que lo principal es la capacidad y deseo de autogestión económica, pero resulta interesante poner en relación las respuestas anteriores en torno a la independencia con las que se ofrecen a otra pregunta: «¿Cuáles son los problemas de la Cataluña actual?». El 68,9 % de las personas encuestadas cita el paro y la precariedad laboral, mientras que más del 40 % se refiere al funcionamiento de la economía; siguen, por este orden, la insatisfacción con los políticos (25,1 %), la inmigración (19,3 %), la inseguridad ciudadana (10,1 %) y, muy atrás, las relaciones Cataluña-España (8,6 %).

Pero dejemos, de momento, las opiniones y vayamos a los comicios más recientes, es decir, los europeos celebrados el 25 de mayo de 2014.

Con una abstención del 52,3 %, el partido más votado fue, por primera vez, ERC, que obtuvo 590.000 votos (el 23,7 %), seguido de CiU con 549.000 votos (el 21,9 %). El tercero fue el PSC, con 359.000 votos (14,3 %). Los excomunistas reconvertidos al soberanismo (ICV-EUA) alcanzaron el 10,3 %; el PP el 9,8 % y Ciudadanos el 6,3 % de los votos.

El 55 % de los votantes lo hizo a favor de los partidos que reclaman un referéndum de autodeterminación, pero votó el 48 % del censo. Por lo tanto, podría deducirse que poco más del 25 % de los catalanes apoyaron en mayo de 2014 «el derecho a decidir», y eso que los partidos separatistas hicieron esfuerzos notables para convencer a los votantes de que las elecciones europeas demostrarían al mundo cómo Cataluña reclama a voces separarse de España. Pero la respuesta de los electores no ha sido la que esperaban los separatistas.

Respecto a estos resultados puede resultar ilustrativo el comentario que sobre ellos publicó el historiador Henry Kamen[55]:

> La ideología de los separatistas en Cataluña no tiene ninguna orientación política, y lo que hay de ideología es firmemente de derecha. La tradicional dicotomía izquierda-derecha ha desaparecido en Cataluña. La posición de CiU, un partido sólidamente de derechas fundado por la alta burguesía de Cataluña, confirma el predominio rígido de la derecha. Y el firme apoyo dado a todas las políticas de esa derecha por ERC (un partido que no tiene ideología en absoluto, aparte de republicanismo) ha ayudado más que nunca a confirmar que las elecciones europeas en Cataluña han consolidado una extraña alianza entre una burguesía de derechas y los republicanos. En otras palabras, el colapso completo de los socialistas y la posterior renuncia de sus principales líderes, muestra que el carácter general de las elecciones era de hecho un triunfo de la derecha... Por supuesto, ya se han ofrecido los sobornos al electorado crédulo: un consejero catalán ha asegurado que en una Cataluña independiente las pensiones se incrementarán, los impuestos se reducirán, y el desempleo desaparecerá. Por su parte, un dirigente de ERC ha dicho que Cataluña no necesita a la comunidad europea y que puede llegar a ser rica por su propia cuenta con tal de no estar en España. Ese es, obviamente, el mensaje que los nuevos parlamentarios separatistas llevarán a Europa, pero es dudoso que alguien esté dispuesto a escucharlos.

Cuando se jodió lo nuestro

Con este elocuente título ha publicado un libro (ya citado aquí) el escritor y periodista barcelonés Arturo San Agustín. El autor hace

55. Kamen, H.: «El separatismo en Europa». *El Mundo*. 2-VII-2014.

un repaso sobre el terreno pidiendo a gentes notables y diversas (Josep Maria Soler, Jaume Badía, Lorenzo Bernaldo de Quirós, Enric Juliana, José Manuel Lara, Lluís Foix, Miquel Iceta...) que contesten a esa pregunta.

Pero antes de seguir adelante con las respuestas conviene conocer la opinión que a ese respecto tiene el expresidente de la Generalidad Jordi Pujol, ahora convertido al independentismo. Pujol ha intentado explicar la situación en algunos artículos y en un libro reciente. Sostiene Pujol que en los últimos tiempos, en especial a partir de 2000, se ha producido un proceso de involución en las relaciones entre Cataluña y España, que llega a su momento álgido con la sentencia del Tribunal Constitucional sobre el nuevo Estatuto. Según él, lo que está detrás es la voluntad de convertir Cataluña en residual, esto es, en un «pueblo sin personalidad propia», sometido a un proceso homogeneizador, de limitado autogobierno y ahogado fiscalmente. Esta política —sigue Pujol— rompe todos los puentes. Según él, han fracasado los viejos proyectos de entendimiento y colaboración. A partir de 2000 se habría impuesto rápidamente «una idea de España que volvía a ser la de antes». Si se sigue por ese camino —siempre según Pujol—, se producirá una gradual desaparición de la catalanidad y de Cataluña o bien la independencia. Frente al expolio y a la voluntad de conducir a Cataluña por la vía de la decadencia política y la disolución identitaria, los ciudadanos deben reaccionar y resistir. Tras muchos años de intentar hacer desistir a los independentistas, cada vez más numerosos, Pujol escribe que hoy ya no tiene argumentos para combatirlos. Él se ve, por tanto, en la obligación de revisar sus planteamientos sobre el tema. El gusto de Pujol por la independencia sale del armario.

En suma: quejas y agravios, todos. Realidades escasas y argumentos, ninguno. Detrás del discurso actual de Pujol sólo hay sensaciones, sentimiento, presentimiento... y, en el fondo, un enorme sinsentido. Se diría que su actitud política actual se parece demasiado a la del niño malcriado que no sabe muy bien por qué se queja, pero se pasa el día envuelto en gritos y lloriqueos, tirando de la falda a su madre sin aclararle a ésta ni lo que quiere ni con qué males la amenaza.

El resultado de la encuesta de San Agustín entre nacionalistas y catalanistas es prácticamente unánime. Según ellos, las cosas se empezaron a *joder* con la frustración que trajo la sentencia del Estatuto (STC 031/2010 de 28 de junio).

Leamos, por ejemplo, lo que dice a este propósito Josep Maria Soler, abad de Monserrat, un sacerdote que pasa por ser un hombre moderado y en efecto lo es. El diálogo entre el abad y el entrevistador comienza así:

—Si usted no fuera abad de Montserrat, mi primera pregunta la formularía así: ¿Cuándo se jodió lo nuestro?

—Yo, si usted me lo permite, hablaría de distanciamiento.

—Pues hablemos de distanciamiento.

—Quizá deberíamos aclarar o precisar que cuando hablamos de distanciamiento nos referimos a un número elevado de habitantes de Cataluña, pero no a todos.

—¿Cuándo comenzó el distanciamiento?

—En los inicios, el proceso de distanciamiento comenzó poco a poco y fue cosa de minorías, a raíz de las leyes recentralizadoras (la Ley Orgánica de Armonización del Proceso Autonómico o Loapa, por ejemplo) de después del 23-F. Pero un momento importante fue cuando se elaboró el Estatut del año 2006, debido a los recortes que el Congreso de los Diputados hizo en el texto elaborado por el Parlament de Cataluña. Y también, y sobre todo, a los recortes del Tribunal Constitucional, que redujo, en ámbitos importantes, el alcance del texto que los catalanes habían votado en referéndum. Después, el distanciamiento se ha ido haciendo cada vez mayor al comprobar que en algunas cuestiones, como la de la financiación, no se cumplía ni lo que establecía el Estatut y se estrangulaba económicamente. Y es así como llegamos a la situación actual, en la que no se ve por parte del Estado ninguna disposición a dialogar sobre los problemas de fondo.

—¿Y por qué cree usted que se produjo este distanciamiento?

—Por parte de Cataluña, cuando se comprueba que no se acepta ni se respeta la personalidad propia. Y por eso le recortan incluso lo que los ciudadanos catalanes habían votado. Muchos piensan que si la realidad catalana no se protege, se irá diluyendo y por consiguiente avanzará hacia la desaparición.

Si fijamos nuestra atención en las palabras del abad, éstas parecen responder a tópicos que se repiten como mantras, pero que, si hurgamos en ellos, no responden a ninguna realidad demostrable. Para empezar, ni la Loapa fue consecuencia del golpe de Estado ni se pensó contra Cataluña. Además, esa ley fue prácticamente invalidada por el Tribunal Constitucional, el mismo TC que eliminó (STC 031/2010 de 28 de junio) parte del nuevo Estatuto, el de 2006. Y lo eliminó no porque el TC le tuviera ojeriza a Cataluña, sino porque aquellos artículos eran anticonstitucionales.

El Estado «no acepta ni respeta la personalidad propia de Cataluña», nos dice el abad. Pero no explica cómo, por qué y cuándo. Se diría que, en efecto, existe un memorial de agravios eterno y, a la vez, renovado. Un permanente juicio de intenciones, de malas intenciones, sobre «el otro», llámese España, *Madrit* o Estado español.

Miquel Iceta —que en la charla con San Agustín se declara en contra de la independencia de Cataluña— también carga la mano sobre la frustración provocada por el nuevo Estatuto:

«Yo siempre vi en el tema del Estatut un exceso de discusión jurídico-institucional y poca discusión política. Quizá hubiese sido mejor fijar primero el objetivo político y buscar después la fórmula jurídica, los instrumentos. Ahora, con el famoso «derecho a decidir», está pasando algo muy parecido o igual. No dejamos de discutir cómo queremos que sea la consulta obviando que lo primero que necesitamos es tener un gran acuerdo político».

Pero no todos son de tan unánime opinión. Por ejemplo, el ya citado Juan Antonio Cordero[56] piensa algo muy distinto:

> Una fuerza [la independentista] de estas características no ha surgido repentinamente de la nada: los elementos que nutren el discurso de apóstoles del secesionismo llevaban mucho tiempo incubándose en la política catalana, manifestándose con virulencia en ocasiones, manteniéndose latente las más de las veces de una manera difusa e implícita, pero inequívoca. El victimismo sistemático, la reducción de España a una caricatura malhumorada y en permanente conspiración contra Cataluña, el fomento de un sentimiento de superioridad respecto a ella cada vez más injustificado, la exaltación de una identidad enfermiza y paranoica, todos estos ingredientes han sido cuidadosamente cultivados por los sucesivos Gobiernos nacionalistas.
>
> En ese sentido, la debacle [electoral] socialista no es ajena a la responsabilidad de los Gobiernos de Maragall y Montilla en la radicalización de la facción independentista del catalanismo [...] Este nuevo independentismo se radicaliza y mantiene una relación dialéctica con la matriz catalanista de la que procede.

56. Cordero, J. A.: *op. cit.*

A la vista de tanta unanimidad y, sobre todo, del fracaso del «encaje» que pretendieron realizar Maragall y Zapatero, se puede llegar a la conclusión ya enunciada más arriba: estos personajes se podían haber ahorrado aquel viaje a ninguna parte y ahora, con toda probabilidad, estaríamos todos mejor.

Lo más sorprendente, por sectario, es comprobar que entre los «encuestados» ninguno se plantee que la decisión del TC al redactar la sentencia no estaba motivada por ideología o política alguna y que aquellos magistrados tan sólo trataban de cumplir con su deber.

Preguntado por *El País*[57] Manuel Aragón Reyes, magistrado entonces del TC, acerca de la sentencia de marras y bajo un titular que decía «El grave error fue el Estatuto de Cataluña, no nuestra sentencia», el jurista contestó así:

Pregunta. Han pasado cuatro años. Vistas las consecuencias, ¿la sentencia del Estatut fue un acierto o un error?

Respuesta. Creo que fue la sentencia menos mala posible. Con el tiempo se reconocerá su importancia. Diré algo sencillo: que hay cosas que no se pueden hacer sin reformar la Constitución.

P. ¿Si hubiera sido más suave, estaríamos así hoy en Cataluña?

R. No es que sea más o menos suave, la Constitución en mi opinión no permitía otra cosa. Yo me tomo muy en serio la Constitución. También había votos particulares que decían que la sentencia podía haber sido mucho más dura. Creo que se hizo lo que la mayoría creía que podía y debía hacer.

P. Cuando se dice que Cataluña va camino de la independencia por esa sentencia, ¿qué piensa?

R. Me da pena. El problema no era la sentencia, era la reforma

57. Cué, Carlos E.: «El grave error fue el Estatuto de Cataluña, no nuestra sentencia». *El País*, 3-VII-2014.

del Estatuto. Yo no puedo prevaricar como juez. Tengo que dictar la decisión que es justa. Esa sentencia hizo lo que debía hacer. El grave error fue la reforma estatutaria, no la sentencia. Cuando la Constitución no se cumple no vienen más que males.

P. ¿Cómo se siente cuando ve salir a la calle a millones de personas contra esa sentencia?

R. Me da pena. No pasa nada porque salgan a la calle millones de personas. Mañana pueden salir defendiendo la pena de muerte, la Constitución no lo permite y sanseacabó. Es un problema de opinión, político, pero no jurídico. Lo que sí me da pena es que eso se encabece por un poder constituido, por autoridades de la comunidad autónoma. Esos poderes deben someterse a la Constitución y al Tribunal Constitucional.

P. Le preocupa entonces lo que hace la Generalitat y no que la gente salga a la calle.

R. La gente sale a la calle porque son llamados a salir por algunos, la espontaneidad no existe.

P. ¿El recurso previo de constitucionalidad habría resuelto el choque de legitimidades por el hecho de que los catalanes ya habían votado el Estatut?

R. No puede haber un choque de legitimidades entre la nación en su conjunto y una de sus partes. El pueblo de una comunidad autónoma no es soberano, no tiene poder constituyente. Pero sí, hubiera estado bien que existiera el control previo de constitucionalidad de las reformas estatutarias.

P. ¿Hay salida constitucional para esta situación en Cataluña?

R. Creo que debe haber una salida constitucional. Yo no pienso que nuestra Constitución sea incapaz, bien interpretada, con altura de miras y diálogo, de resolver los problemas territoriales o de legitimidad de las instituciones democráticas. Pero tiene que haber una condición: un amplísimo consenso.

El derecho a decidir

El discurso demagógico lo primero que hace es pervertir las palabras. Éste es el caso de la frase «derecho a decidir». ¿Quién no desea poder *decidir*? Pero *decidir* es un verbo transitivo que necesita obligatoriamente de un objeto directo para que su significado sea completo y, en este caso, ese complemento directo no aparece por ninguna parte.

Estos términos («derecho a decidir») se empezaron a usar en 2003 en Euskadi, dentro del proceso que se llamó *Plan Ibarretxe* y se utilizaron estas palabras para ocultar las que no se querían usar: «derecho de autodeterminación» o, mejor, «derecho a la secesión unilateral», que es, en realidad, lo que los nacionalistas reivindican ahora.

Vayamos, pues, al «derecho de autodeterminación».

¿Existe un derecho de autodeterminación en Cataluña?

Está establecido —lo explican bien José M. Ruiz Soroa y Alberto Basaguren (en *La secesión en España*)— que la autodeterminación sólo se refiere a los pueblos «dependientes», es decir, a quienes se hallan en situación colonial o bajo invasión militar. La Declaración de Viena de 1993 es muy clara a este respecto: «Todos los pueblos tienen el derecho de libre determinación», y negárselo constituye «una violación de los derechos humanos»; pero esto no significa avalar acciones encaminadas «a quebrantar o menoscabar, total o parcialmente, la integridad territorial o la unidad política de Estados soberanos que [...] estén dotados de un Gobierno que represente a la totalidad del pueblo perteneciente al territorio, sin distinción de ningún tipo».

O, en palabras de Álvarez Junco: «La autodeterminación no se deriva de que minorías nacionales territorializadas existentes hoy dentro de un Estado tengan derecho a la independencia política;

sólo lo tendrán aquellas que carezcan de instituciones democráticas o sean tratadas de forma discriminatoria. Aceptada esta distinción, queda claro el significado del derecho de autodeterminación y la situación en que debe hallarse un pueblo para ser titular del mismo».

Según la lógica nacionalista, el futuro de Euskadi o de Cataluña deben decidirlo los vascos o los catalanes; pero la misma lógica exigiría que el futuro de Álava se decidiera por los alaveses, o el de Tarragona por los tarraconenses (en el caso de que en un hipotético referéndum vasco o catalán globalmente favorables a la independencia salieran en Álava o en Tarragona resultados proespañoles). Dicho de otro modo, el *demos*, el sujeto soberano, el pueblo, no tiene por qué coincidir con un *etnos*, una comunidad cultural siempre discutible. Europa es un *demos*, pero no es un *etnos*. Tampoco lo es Estados Unidos, un país sin un origen cultural o lingüístico común.

Robert Dahl dejó escrito hace tiempo que «la democracia puede decidirlo casi todo, menos la amplitud del *demos* (el pueblo) concreto que la practica, porque ese es un dato previo al inicio del proceso democrático».

También lo dejó escrito Habermas: «La ciudadanía democrática no necesita estar enraizada en la identidad nacional de un pueblo, sino socializar a todos sus ciudadanos en una cultura política común y atribuirles los mismos derechos y deberes».

Naturalmente, los nacionalistas defienden todo lo contrario. Veámoslo a través de las palabras de uno de ellos, Gurutz Jáuregui[58]:

> Una nación que en su momento resultó integrada en un Estado nacional, decide replantear su situación vigente en el marco de ese Estado

58. Jáuregui, G.: *Contra el Estado-nación*. Siglo XXI. 1986.

nacional. Es aquí donde debe incidir el derecho de autodeterminación como derecho democrático, en cuanto que constituye expresión soberana de un pueblo o nación.

Y eso siguen defendiendo los separatistas contra viento y marea y sobre todo contra las resoluciones de los organismos internacionales y contra el Derecho Internacional. En la resolución aprobada por NN. UU. el 24 de octubre de 1970 se lee:

> Ninguna de estas disposiciones se entenderá en el sentido que autoriza o fomenta acción alguna encaminada a quebrantar o menoscabar, total o parcialmente, la integridad territorial de los Estados soberanos e independientes que se conduzcan de conformidad con el principio de la igualdad de derechos dotados de un Gobierno que represente a la totalidad del pueblo perteneciente al territorio, sin distinción por motivos de raza, credo o color.

Más adelante la misma resolución afirma que «la integridad territorial y la independencia política del Estado son inviolables».

¿Se conculca en España la igualdad de derechos de todos los ciudadanos? Sólo en este caso tendría sentido jurídico-político el derecho de autodeterminación. Nadie medianamente bien informado puede pretender que los ciudadanos de Cataluña están discriminados. La Constitución garantiza la igualdad de derechos de los ciudadanos españoles en muy diversos preceptos, especialmente en los artículos 1.1, 9.2, 14, 139 y 149.1.1º. Y desde luego queda meridianamente claro en el art. 139.1 CE: «Todos los españoles tienen los mismos derechos y obligaciones en cualquier parte del territorio del Estado».

Por otro lado, el art. 1.2 de la Constitución establece: «La soberanía nacional reside en el pueblo español, del que emanan los poderes del Estado». Este precepto lleva implícito tres aspectos de interés: a) que el pueblo español, en quien reside la soberanía, es el poder constituyente originario; b) que los poderes constituidos («los poderes del Estado») emanan del pueblo; c) que el pueblo español conserva la soberanía, ya que en el precepto se dice «reside» y no «ha residido», es decir, el verbo *residir* está redactado en presente y no en pasado. Por tanto, el poder constituyente sigue vivo a lo largo de la vigencia de la Constitución. En otras palabras, la soberanía, en el sentido de poder supremo e indivisible, sigue residiendo en el pueblo español, en todo el pueblo español.

Ese derecho a la secesión unilateral que está detrás del aparentemente inocuo y *democrático* «derecho a decidir», de poder generalizarse conduciría, muy probablemente, al caos. Allen Buchanan[59] lo ha descrito así:

> Un Estado que codicie parte del territorio de su vecino puede apoyar, estimular o incluso simular movimientos secesionistas entre sus connacionales del otro lado de la frontera, que «languidecen bajo una férula extranjera». En estos casos, una injusta anexión puede enmascararse tras las aparentemente legítimas banderas de la autodeterminación y los derechos de las minorías. Para encontrar ejemplos, no es preciso retrotraerse hasta la anexión de los Sudetes por parte de Hitler.

Es evidente que en estos momentos de crisis —y no sólo en Cataluña— se ha extendido como una plaga por España la confusión entre votar y democracia. Según esta vieja fórmula demagógica que se llamó *democracia directa*, aquello que no es votado directamente por el pueblo carece de legitimidad democrática. Pero se sabe des-

---

59. Buchanan, A.: *La moral del nacionalismo*. Gedisa. 2003.

de Pericles que la «democracia directa» es el hábitat natural de toda demagogia y de la mayor irresponsabilidad.

El profesor Aurelio Arteta nos ha recordado que «frente al equívoco *derecho a decidir*, está el deber indudable de persuadir». Por lo tanto, antes de reclamar el «derecho a decidir», los nacionalistas catalanes tendrían que estar dispuestos a cumplir sus deberes hacia los demás catalanes. Porque las preocupaciones de la sociedad catalana se alejan bastante de las de un pueblo mítico e ideal y, sobre todo, de las preocupaciones de los políticos que dicen tener línea directa con ese pueblo.

Para concluir con este asunto conviene recordar la «brillante» actuación de los representantes del Parlamento catalán el día en que llegaron al hemiciclo del Congreso en la carrera de San Jerónimo para defender «el derecho a decidir» y soltaron unas definiciones de democracia que avergonzarían a cualquier ciudadano medianamente instruido. «Democracia es votar», sentenció uno. Otro dijo que «democracia es ajustar la legalidad a la realidad», lo cual es un hallazgo que no entrará en la historia del pensamiento político. Pues si es cierto que periódicamente las leyes deben cambiar ante nuevas demandas sociales, más imprescindible será que las conductas tengan que atenerse al marco legal existente en cada momento.

Y todos ellos coincidieron, claro está, en considerar democrático el proceso de independencia porque así lo quiere «la mayoría del pueblo catalán». Se les olvidó que tal número será sólo una pequeña minoría de todos los afectados por esa secesión.

El desafío

Pese al texto de la Constitución y pese a quien pese, el Parlamento de Cataluña aprobó el 23 de enero de 2013 una resolución (5/X) en la que se pretendió formalizar el «derecho a decidir». La resolución consta de nueve principios y el primero dice así:

«El pueblo de Cataluña tiene, por razones de legitimidad democrática, carácter de sujeto político y jurídico soberano».

Así se marcaba el pistoletazo de salida de una carrera hacia el abismo que le pondría cada vez más difícil al presidente catalán volver sobre sus propios pasos, hacia la Constitución a la cual había prometido fidelidad el 24 de diciembre.

La resolución fue aprobada por 85 votos a favor (los de CiU, ERC, Iniciativa y un diputado de la Candidatura de Unidad Popular) y 41 en contra (parte del PSC, PP y Ciudadanos). Además, dos diputados de la CUP se abstuvieron y cinco del PSC no participaron, rompiendo así la disciplina de su grupo.

La Resolución se articulaba en torno a nueve puntos: *soberanía* («El pueblo de Cataluña tiene, por razones de legitimidad democrática, carácter de sujeto político y jurídico soberano»), *legitimidad democrática* («El proceso del ejercicio del derecho a decidir será escrupulosamente democrático, garantizando especialmente la pluralidad y el respeto a todas las opciones»), *transparencia* («Se facilitarán todas las herramientas necesarias para que el conjunto de la población y la sociedad civil catalana tengan toda la información»), *diálogo* («Se dialogará y se negociará con el Estado español, las instituciones europeas y el conjunto de la comunidad internacional»), *cohesión social* («Se garantizará la cohesión social y territorial del país y la voluntad expresada en múltiples ocasiones por la sociedad catalana de mantener Cataluña como un solo pueblo»), *europeísmo* («Se defenderán y promoverán los principios fundacionales de la Unión Europea»), *legalidad* («Se utilizarán todos los marcos legales existentes para hacer efectivo el fortalecimiento democrático y el ejercicio del derecho a decidir»), *papel principal del Parlamento* («El Parlamento en tanto que la institución que representa al pueblo de

Cataluña tiene un papel principal en este proceso») y *participación* («El Parlamento de Cataluña y el Gobierno de la Generalitat deben hacer partícipes activos en todo este proceso al mundo local, y al máximo de fuerzas políticas, agentes económicos y sociales»).

La Resolución sentaba las bases para el comienzo de un proceso de secesión de Cataluña y se cerraba con una llamada «al conjunto de ciudadanos y ciudadanas a ser activos y protagonistas de este proceso democrático del ejercicio del derecho a decidir del pueblo de Cataluña».

Un día después de aprobar la famosa Resolución, el presidente del Gobierno daba a ese abierto desafío una respuesta taxativa:

«Aprobar resoluciones que no están en el marco constitucional no sirve para nada», ya que «atenta contra el espíritu de la Constitución». Tras insistir en su voluntad de seguir apostando «por la convivencia y el diálogo», Rajoy subrayaba que «el Gobierno, como es su obligación, porque para eso nos han elegido los españoles, aplicará la ley siempre». Con esas palabras dejaba el jefe del ejecutivo sentadas las ideas fuerza de las que ni el Gobierno ni el Partido Popular se moverían en adelante de forma sustancial. Finalizado el año, los nacionalistas anunciaron solemnemente las preguntas del referéndum. Con ello se pretendía asentar la idea de que la consulta popular se celebraría en todo caso. Ésa iba a ser la estrategia política y mediática de Convergència y de ERC.

Al inicio de este baile soberanista la Generalidad creó un Consejo Asesor para la Transición Nacional[60] (CATN) compuesto por juris-

---

60. Creado por Decreto 113/2013, de 12 de febrero, de la Generalitat de Cataluña. En el art. 1 del decreto se le define como «órgano colegiado de apoyo al Gobierno para el asesoramiento en relación con aquellos aspectos del Plan de Gobierno como la identificación y el impulso de las estructuras de Estado y/o aspectos necesarios para llevar a término la consulta». Está

tas de «reconocido prestigio» que inmediatamente tomaron en sus manos todos los instrumentos y todas las mañas que suelen usar los leguleyos, es decir, quienes se sirven de todo tipo de argucias y falacias jurídicas. Pues bien, su informe número 2 llevaba por título «La consulta sobre el futuro político de Cataluña» y en él se marcan las cinco vías que ellos creen posibles para llegar al referéndum de autodeterminación. Esas cinco vías son las siguientes: 1) Los referendos regulados y convocados por el Estado de acuerdo con el art. 92 de la Constitución; 2) La delegación o transferencia de competencias según el artículo 150.2 de la misma; 3) Los referendos previstos en la Ley Catalana 4/2010; 4) Las consultas de la ley catalana de consultas populares no referendarias; 5) La reforma de la Constitución.

El objetivo primero sería conseguir que la Generalidad pudiera convocar el referéndum y, subsidiariamente, que «quedara evidente, de la manera más clara posible, que el Estado es quien se niega a permitirla y que lo hace por motivos políticos, no jurídicos».

El informe, quizá ingenuamente, desvela las intenciones latentes en todo el proceso: dar a conocer a nivel internacional las demandas del actual Gobierno de la Generalidad y demostrar que no hay razones jurídicas, sino sólo políticas, para denegar la consulta por parte del Estado. En consecuencia, según los autores del informe, el proceso hacia el referéndum es positivo en sí mismo, tanto si se celebra como si no y, en el caso de celebrarse, también lo sería, aunque el resultado fuera adverso a la independencia.

El informe también avisa de que si el Estado impide la consulta podrían convocarse elecciones plebiscitarias, a las que podría seguir una declaración unilateral de independencia por parte del nuevo Parlamen-

---

adscrito al Departamento de Presidencia, está compuesto por catorce miembros y su presidente es Carles Viver Pi-Sunyer.

to catalán. Y esto último no es algo que diga alguien en un arranque de incontinencia verbal. Es algo que vienen repitiendo los dirigentes nacionalistas y que, como se ve, se pone por escrito en los informes oficiales.

En el fondo, todo el razonamiento del Consejo Asesor se reduce, apelando a la democracia, a anteponer la voluntad política frente a las leyes y a deslegitimar la Constitución, como si ésta sólo fuera un desagradable obstáculo para la libertad del «soberano pueblo catalán», pero se pretende engañar cuando se repite que «la democracia exige poder votar», pues votar es un acto contrario a la democracia cuando no se realiza de acuerdo a las leyes que están en vigor.

Frente a todo esto conviene repetir algo tan elemental como lo siguiente:

No hay democracia sin ley. Cuando la democracia prescinde de la ley, no hay ni ley ni democracia.

Y se engaña también cuando se apela a otros procesos foráneos, como los de Canadá, con Quebec; o Reino Unido, pues se sabe que, además de tratarse de supuestos históricos distintos, el fundamento de esos procesos foráneos no es un principio democrático operativo por encima de las leyes, sino el cumplimiento estricto de sus previsiones legales.

Es cierto que se podría introducir en la Constitución, si así se quiere, el derecho de secesión, definiendo exactamente en qué se hace consistir su contenido, sus requisitos y sus efectos, hoy desconocidos. Pero no es menos cierto que, si se hiciera, se innovaría históricamente el Derecho Constitucional occidental, porque esa cláusula no sería compatible con las restantes previsiones de la nuestra y de cualquier Constitución democrática.

En todo caso, a día de hoy no se reconoce ese derecho de secesión ni en nuestro ordenamiento vigente ni en prácticamente ningún otro. Lo dejó claro en su día la sentencia sobre el Plan Ibarretxe del Tribunal Constitucional de 11 de septiembre de 2008.

El desafío separatista catalán se formuló como suelen hacerlo los nacionalistas: «O me da usted lo que le pido o mañana le pediré el doble». Y como no se le dio lo que pedía, pues aquí están las consecuencias, es decir, la amenaza de una convocatoria de referéndum de autodeterminación o, quizá, la secesión unilateral.

¿Por qué un partido como CiU, que apoyó la Constitución de 1978, construida con su consenso, rompe ahora la baraja y se lanza a una aventura que puede resultarle suicida?

Nunca —que se sepa— Mas y sus conmilitones han contestado a esta sencilla pregunta. A lo más que han llegado es a atenerse al manual, según el cual «España nos roba» y «los españoles ni nos comprenden ni nos quieren. Nos odian».

Por otro lado, Artur Mas ha llegado a decir: «¿Por qué tanto miedo a dejarnos votar si lo más probable es que la mayoría no quiera la independencia?». Y en plan de quitarle hierro al asunto ha expuesto datos de las encuestas de opinión, como una publicada en *La Vanguardia* a mediados de abril (2014), según la cual quienes estiman compatibles, en distinto grado, ambas identidades (catalana y española) siguen suponiendo el 66 %, es decir, dos tercios de la población que vive en Cataluña.

En mi opinión, si el Estado se aviniera a esa demanda, la de un referéndum de autodeterminación, firmaría su sentencia de muerte, pues no se trata de una «consulta» cualquiera ni se puede argüir que en España los referendos son meramente consultivos, porque *de facto* no es así. Si el Estado (del cual la Generalidad forma parte) cediera, la explosión territorial estaría asegurada, en primer lugar porque no se trata de «una consulta circunscrita al territorio de Cataluña». Se trata de abrir la posibilidad de secesiones múltiples: Euskadi, Galicia…, Cartagena (no sería la primera vez) reclamarían en cadena referendos de autodeterminación. Una apuesta así, que va directamente en contra de la estabilidad institucional, sólo la haría un político suicida.

Aparte de los argumentos legales de índole constitucional, de los elementales argumentos económicos y de los Tratados europeos, que dejarían fuera de la Unión a una hipotética Cataluña independiente, existe un argumento «democrático» (palabra con la cual se les llena la boca a los separatistas) que puede enunciarse así:

Si hubiera ese hipotético referéndum y ganara el *sí*, ¿ese *sí* sería reversible? La respuesta parece evidente: *no sería reversible*. En otras palabras: si en ese hipotético referéndum sale *no* a la independencia, el resultado sería reversible, pero no lo sería si saliera el *sí*. De ello se deduce que la única alternativa política en aquel futuro e hipotético Gobierno de una Cataluña independiente estaría reservada exclusivamente a los grupos partidarios de la independencia, pues en una Cataluña separada de España y en plena *construcción nacional* no podría llegar a gobernar un partido o coalición que cuestionase la independencia.

Los partidarios de la autodeterminación no sólo han fijado la fecha del referéndum (9 de noviembre de 2014), también han redactado las dos preguntas que se le propondrían al electorado. Dos preguntas contradictorias e incompatibles entre sí. En efecto, preguntar primero si se es partidario de que Cataluña sea un Estado para después preguntar si se es partidario de que sea independiente no tiene ningún sentido porque, como es obvio, sin independencia (soberanía) no existe el Estado. Como señaló hace ya muchos años la jurisprudencia internacional, el Estado, o es independiente (y por tanto soberano) o no es Estado.

La independencia como un paraíso en la tierra

Los medios de comunicación catalanes repiten una opinión que se le presenta al público como una verdad revelada: la independencia sería la solución de todos los males. Libre por fin de una «España que nos roba», una Cataluña «rica y plena» ocuparía su privilegiado lugar entre las economías más prósperas del mundo y podría permitirse al mismo tiempo un Estado del bienestar de verdad, aparte de menores impuestos.

Ya se expuso más arriba que tan optimistas afirmaciones no resisten —según los expertos— un mínimo análisis crítico. En efecto, cuando uno lo examina con detalle, el argumento económico a favor de la independencia tiene la misma consistencia que las cuentas de la lechera.

Veámoslo con algún detenimiento siguiendo a los expertos Ángel de la Fuente, Sevi Rodríguez Mora y al catedrático de la Autónoma de Barcelona Clemente Polo, quien decía que los líderes (Mas, Junqueras, Pujol, etc.) y los economistas catalanes, con el consejero Mas-Colell a la cabeza, apoyan el «proceso de transición nacional de Cataluña y lo presentan como una transición idílica. La panacea que permitirá mejorar el nivel de vida de los ciudadanos catalanes a corto plazo».

Lo cierto es que ese mensaje mentiroso ha calado y hoy son muchos los ciudadanos en Cataluña que se han dejado convencer tras escuchar a sus líderes repetir *ad nauseam* que están siendo expoliados por el resto de los españoles y que en sus manos está convertirse en la Holanda del sur de Europa, pero la verdad es muy otra.

La economía catalana es hoy lo que es gracias a la unidad política, que posibilitó la creación (a lo largo de los siglos XVIII y XIX) de un mercado único en España donde se colocaban las manufacturas producidas en Cataluña, merced a los elevados niveles de protección (arancelaria y no arancelaria) desde al menos 1850 hasta 1992. Desde mediados del pasado siglo, Cataluña se benefició, además, de decisiones políticas de carácter discrecional y de subvenciones que permitieron desarrollar y renovar sectores industriales, tanto bajo el franquismo como durante la reconversión industrial acometida en los años ochenta del pasado siglo.

¿Qué peso tienen a principios del siglo XXI las exportaciones al resto de España de la economía catalana? Clemente Polo contesta empleando la última tabla *input-output* de Cataluña que elaboró el Instituto de Estadística Catalán (Idescat) para el año 2005. Según indica esa tabla, las exportaciones de bienes y servicios de Cataluña al resto de España alcanzaron 62.654,4 millones de euros y las exportaciones al resto del mundo ascendieron a 42.294,4 millones. En términos relativos, el 38,6 % y el 28,5 % respectivamente del valor añadido bruto (162.430,3 millones).

Para apreciar la relevancia de las exportaciones hacia el resto de España, basta con recordar que las exportaciones de Cataluña a Francia y Alemania fueron 10.050 y 6.674,9 millones, respectivamente, en 2012. En suma, Cataluña es una economía abierta que depende en gran medida de las exportaciones y, muy en particular, de las exportaciones al resto de España, que es su principal mercado. En efecto, las exportaciones al resto de España explican el 36,29 % de la producción catalana y el 33,57 % de su valor añadido y el 33,0 % del empleo existente en Cataluña. Por no hablar del servicio y amortización de la deuda, de la cual le correspondería a Cataluña una factura aproximada de 145.000 millones de euros a finales de 2013.

Artur Mas se ha referido, con su frivolidad característica, a la secesión de Cataluña como un divorcio civilizado: la relación no da más de sí, está agotada, y ha llegado el momento de que cada cual siga su camino. Lo que no ha dejado claro es cómo se repartirían los activos y pasivos de la sociedad disuelta. Si alguien dudaba de que el divorcio a la catalana podría tornarse pronto en una agria disputa, ahí tiene como botón de muestra la advertencia de Junqueras cuando amenazó al Gobierno español con convocar una huelga general en Cataluña para obligarle a convocar el referéndum de autodeterminación.

Los beneficios derivados de la unión política y el mercado único español, ahora subsumidos dentro de la UE y el mercado único europeo, constituyen argumentos más que suficientes para librar la batalla en el terreno de la economía, pero uno también tiene la mala sensación de que los argumentos racionales chocan contra el «muro de las lamentaciones». Unos sentimientos inasequibles a la racionalidad. Aunque quizá convendría tomar en consideración lo que a este propósito escribió Xavier Vidal-Folch en *El País*:

> El Estado no conserva intacta ninguna de sus grandes funciones específicas. Ni acuñar moneda (pasó al BCE), ni guardar fronteras y aduanas (suprimidas las internas del continente por Schengen; compartidas las exteriores), ni la de una verdadera política exterior (las diplomacias han iniciado su fusión lenta en el SEAE), ni la de hacer individualmente la guerra.
>
> En estos años de crisis, el despojo de las competencias ha sido de vértigo. Sobre todo en la economía, que es precisamente la motivación del independentismo catalán de nuevo cuño. Todos los instrumentos clásicos de política económica están transferidos o se están transfiriendo a la UE: 1) El monetario y financiero, o el manejo del tipo de interés y la cantidad de dinero en circulación. También la supervisión bancaria. 2) El cambiario, o manejo del tipo de cambio. 3) El fiscal, o presupuesto e impuestos. 4) El comercio exterior, la tarifa exterior común, las decisiones comunes en la OMC. 5) Incluso el mercado laboral, la Seguridad Social y las políticas de empleo y sociales (de la edad de jubilación a las pensiones) se van equiparando a rebufo de la crisis.

Hasta aquí el desmontaje de las falacias económicas mediante las cuales los separatistas catalanes y sus corifeos, disfrazados de economistas, pretenden eliminar las dificultades que traería consigo tan «benéfica» secesión.

Intentaremos desmontar a continuación las falacias jurídicas, según las cuales Cataluña, una vez escindida, seguiría tan ricamente en la UE y en el euro.

Posición de la UE

«El Parlamento de Cataluña, en el proceso de construcción de un Estado independiente para la nación catalana, considera fundamental trabajar para la proyección internacional de la realidad política, económica y social del país, y también fomentar el establecimiento de relaciones permanentes con la comunidad internacional». De este modo, en materia de política exterior, el Parlamento catalán considera prioritario: «Adoptar una estrategia de diálogo y colaboración constante con las instituciones europeas, especialmente con la Comisión Europea y el Parlamento Europeo, establecer relaciones bilaterales con las autoridades de los Estados que tienen más influencia en la comunidad internacional, y establecer una interlocución permanente con la Organización de las Naciones Unidas y los organismos que de ella dependen, para facilitar el reconocimiento internacional de las decisiones que el pueblo de Cataluña tome sobre su futuro colectivo».

Lo aquí reproducido en cursiva muestra con claridad la preocupación que el aislamiento suscita entre los líderes de las huestes soberanistas, pero cuando esa deriva aislacionista se les muestra con argumentos jurídicos o con declaraciones del mismo contenido, ellos salen por peteneras diciendo, por ejemplo, que «no se concibe una Europa sin Cataluña». Vayamos a ello.

La historia reciente de Europa está plagada de guerras y matanzas provocadas por culpa de las «identidades», ya fueran étnicas, religiosas... y, sobre todo, nacionales, pero fijemos la atención sólo en el siglo xx. La Gran Guerra (1914-1918), cuyo centenario se conmemora en estos días, constituyó el mayor desastre del siglo xx y está en el origen de la Segunda Guerra Mundial. Pues bien, cuando el presidente norteamericano Wilson llegó a Europa, después de que su país hubiera intervenido decisivamente en la derrota austrogermana, traía en la cartera sus célebres *Catorce puntos*, con los cuales se proponía resolver los problemas europeos sustituyendo los imperios multiétnicos por Estados pretendidamente homogéneos.

Como nos ha recordado Álvarez Junco, «la conferencia de paz de París creó una decena de Estados nuevos y añadió o restó territorios a los existentes —según, ay, que hubieran apoyado a vencedores o a vencidos en el conflicto—. Pese a la buena voluntad de sus creadores, a la Sociedad de Naciones y a las cláusulas de protección de minorías, la fórmula condujo a un desastre: los nuevos mini-estados fueron inevitablemente multiétnicos, pero, al ser nacionales, maltrataron, esta vez de verdad, a sus minorías. Surgieron agravios, clamores por todos los territorios *irredentos*, y, al final, se le abrió el camino a los totalitarismos anexionistas».

Escarmentados por aquello y después de una mortífera Segunda Guerra Mundial (1939-1945), parecía que las fronteras se estabilizarían, y así se decidió al terminar la guerra, pero hace sólo un cuarto de siglo, al disolverse la URSS y Yugoslavia, se volvieron a crear Estados nuevos (esta vez una veintena), siempre en busca de una inalcanzable homogeneidad étnica o cultural, y este último desastre postsoviético sí tiene que ver, y mucho, con el desafío actual del nacionalismo catalán. ¿Por qué? Porque para los nacionalistas catalanes que, por ejemplo, Lituania sea independiente y Cataluña no lo sea constituye un agravio comparativo insoportable.

Los líderes separatistas catalanes siempre han pensado que, de conseguir la independencia, en la UE se aplicaría el viejo refrán español según el cual «la justicia de enero es muy rigurosa, esperemos a febrero, que será ya otra cosa». En otras palabras: los nacionalistas piensan que la defensa de sus principios por parte de la UE es algo pasajero y contingente.

Sin embargo, hoy por hoy, las autoridades de la UE se han mostrado contundentes. Por ejemplo, Durão Barroso, a una pregunta parlamentaria formulada por el eurodiputado de CiU Ramon Tremosa en la que éste le pedía claridad sobre la posición de la UE en el asunto catalán, dijo: «Si una parte del territorio de un Estado miembro dejase de ser parte de ese Estado para convertirse en un nuevo Estado independiente, los Tratados ya no serían aplicables en dicho territorio» y «un nuevo Estado independiente, por el hecho de alcanzar la independencia, pasaría a convertirse en un tercer país con respecto a la UE y los Tratados dejarían de ser aplicables en su territorio».

Esta posición fue remachada el mes de septiembre de 2013 por la portavoz Pia Ahrenkilde y por el comisario europeo de la Competencia, Joaquín Almunia, en Barcelona. Almunia dijo textualmente: «La parte segregada [de un Estado de la Unión] no es miembro de la Unión Europea». Todo esto fue confirmado por escrito por Barroso el 13 de noviembre de 2013 ante una pregunta del eurodiputado holandés Auke Zijlstra, principio que fue proclamado una vez más, en español, el 16 de enero de 2014 en una reunión con Rajoy en Yuste. Pues bien, los nacionalistas siguen negando la evidencia y aferrándose a la tesis de la «ampliación interna» en los pocos casos en los cuales discuten esta cuestión explícitamente. Acostumbrados a que la ley española no se aplique en Cataluña, parecen suponer que lo mismo ocurrirá con la ley europea.

Pues bien, en el caso hipotético de que una Cataluña ya independiente pidiera la entrada en la UE, se tendría que atener al artículo 49 del Tratado de la Unión, donde se leen los dos párrafos siguientes:

> El Estado solicitante dirigirá su solicitud al Consejo, que se pronunciará *por unanimidad* después de haber consultado a la Comisión y previa aprobación del Parlamento Europeo, el cual se pronunciará por mayoría de los miembros que lo componen.
>
> Las condiciones de admisión y las adaptaciones que esta admisión supone en lo relativo a los Tratados sobre los que se funda la Unión serán objeto de un acuerdo entre los Estados miembros y el Estado solicitante. Dicho acuerdo se someterá a la ratificación de *todos los Estados contratantes*, de conformidad con sus respectivas normas constitucionales.

Pero la divisa del Consejo Asesor para la Transición Nacional (CATN), como la de la Legión, no conoce el miedo y es muy capaz no sólo de negar la evidencia, también de rodear cualquier problema mediante un sofisma o cualquier falacia. Todo ello es el resultado de un discurso jurídico tan farragoso como mendaz. Así, en día tan señalado como el 14 de abril de 2014 el CATN publicó su informe n.º 6 (72 páginas), titulado «Las vías de integración de Catalunya en la Unión Europea». El primer escenario, el de la permanencia, se planteaba así:

> La práctica de las Naciones Unidas y de sus organismos especializados reafirma la regla general de que, en los casos de separación o secesión, *los estados sucesores* pueden acceder a la calidad de miembro a través del cumplimiento de los requisitos formales de adhesión establecidos en los tratados constitutivos de esas organizaciones internacionales.

Pero el criterio para la admisión en una organización internacional como Naciones Unidas es muy distinto: en caso de secesión de un hipotético Estado catalán, no se le considerará sucesor del Estado predecesor, y ésta es una práctica arraigada. Un criterio con efectos jurídicos claros.

A propósito de ese informe n.º 6 del CATN, Javier Soria[61] ha escrito lo siguiente:

> Cuando se aborda el análisis del informe número 6 del CATN cualquiera es capaz de concluir que se ha convertido una materia eminentemente jurídica en un panfleto propagandístico, que soluciona la integración o no de una hipotética Cataluña independiente en la Unión Europea mediante argumentos de «persuasión» y no con argumentos jurídicos [...] Este hecho por sí mismo descalifica la seriedad del informe y su rigor.

De hecho, el CATN admite (pág. 32) que su análisis no tiene el ánimo de efectuar una propuesta normativa, sino que su objetivo es el de avanzar un «cálculo de probabilidades». Tan insólita afirmación se complementa en la página siguiente, diciendo que no es necesario analizar la solidez teórica de los argumentos allí expuestos, sino ponderar si serán suficientemente persuasivos frente a las instituciones europeas y sus Estados miembros.

En realidad, el CATN, estando como está al servicio de quienes lo han inventado y lo sostienen económicamente, recurre a permanentes falacias y cuando sus propuestas chocan con los límites legales o con el Estado de derecho efectúan un rodeo con teorías insostenibles. Son teorías que sirven sólo como instrumento propagandístico. Esta técnica permite especular con cualquier resultado, ya que la «teoría» en que se basan una y otra vez siempre les da la razón.

Que un asunto tan grave, como es la secesión de un territorio y sus consecuencias, sea presentado como un mero cálculo de proba-

61. Soria, J.: «El informe n.º 6 del CATN y las supuestas vías de integración en la UE». www.puertadebrandemburgo.com, 27-IV-2014.

bilidades denuncia mejor que cualquier argumento el aventurerismo de estas gentes. Por ejemplo, a los del CATN no les cuesta nada identificar el ingreso en la Unión Europea como un proceso bilateral, entre la UE y el Estado aspirante a la adhesión. Las únicas excepciones que se mencionan son las relativas a algunas instituciones financieras. Pero la verdad jurídica es que en caso de secesión les exigirían cumplir los requisitos formales, que en el caso de la UE ya se han citado aquí.

La segunda opción planteada por el CATN —y otro de los escenarios más probables, según su opinión— contempla que, efectivamente, se salga de la UE, para conseguir la adhesión a través de la vía del artículo 49 del Tratado de la Unión Europea, pero con un procedimiento simplificado y un régimen transitorio. Es importante recalcar que el propio CATN admite que, si el primer escenario no es posible, debe acudirse al artículo 49, pero este último escenario tiene un pequeño inconveniente: ese mecanismo «simplificado» no existe en la actualidad y por lo tanto su mención no pasa de ser un mero deseo.

Por supuesto, la realidad jurídica no gusta al secesionismo, pero él tiene respuesta. En efecto, según ellos, se trata únicamente de «amenazas», atribuidas, claro está, a España, o de una «sanción irrazonable» (sic) atribuida a la Unión Europea. Como es habitual en el separatismo, la culpa de las malas consecuencias de sus actos es de los demás. Ellos nunca tienen responsabilidad en nada malo de lo que les ocurre a sus conciudadanos.

Javier Soria concluye, a este propósito, escribiendo:

> Una cuestión con un trasfondo extremadamente complejo se quiere resolver con criterios que no son impecables (se hace difícil pensar que la UE admita la adhesión de un Estado que no sea miembro de la ONU), ni rigurosos (obviando las prácticas llevadas a cabo de forma

abrumadora), ni ponderados (con escenarios que no tienen soporte legal), por mucho que la Generalitat y el aparato de medios de comunicación a su servicio digan lo contrario.

Por muy solventes y firmes que sean los argumentos económicos y jurídicos que se exhiban mostrando los inconvenientes de la secesión, por muy contundentes que se muestren las razones a favor de la permanencia en España, de poco servirán para convencer a los ya convencidos tras un bombardeo inmisericorde desde los aparatos ideológicos y políticos controlados por las instituciones en manos de los separatistas, pues ellos han conseguido imponer una apabullante «espiral de silencio» y un lenguaje descalificador para sus adversarios («centralistas», «españolistas», «catalanófobos», o simplemente «fachas») sin que el Estado o los no-nacionalistas desde sus propios aparatos políticos ideológicos o informativos en Cataluña hayan sido capaces de oponerse con contundencia a esa marea mentirosa.

Pues bien, por encima y más allá de los argumentos económicos, jurídicos y políticos contra la secesión está el primer derecho de cualquier ciudadano: el de no ser expulsado de su propio país, el derecho a mantener su nacionalidad. Y un Estado decente tiene como primera y principal obligación la de defender ese derecho. Nadie puede arrebatarle a cualquier español su nacionalidad, su derecho a seguir siéndolo y a vivir donde le parezca dentro de su país.

¿Dialogar? ¿Sobre qué y para qué?

Nada más escuchar el desafío de Artur Mas a la Constitución amenazando con la convocatoria de un referéndum de autodeterminación para el 9 de noviembre de 2014 se empezaron a oír las consabidas voces de los biempensantes reclamando diálogo. «Estas cosas se arreglan dialogando», dijeron.

¿Quién puede oponerse a tales intenciones pacificadoras? ¿Quién será tan desalmado como para negarle la palabra a un adversario político? Está bien, dialoguemos, pero ¿sobre qué? ¿Sólo sobre la escasa parte del salchichón competencial que le queda al Estado en Cataluña? ¿No sería mejor plantear en primer lugar un diálogo sobre la parte del salchichón que ya se han merendado los nacionalistas y también sobre su inveterada costumbre de saltarse las leyes y las sentencias judiciales?

Pues si no se puede hablar de *todo* y sólo se pretende dialogar sobre las nuevas reivindicaciones nacionalistas para buscar —siempre en torno a esas demandas— un nuevo «encaje» de Cataluña en España, no se trataría de un diálogo abierto, sino de la redacción de un acta de rendición a firmar por el Estado.

Al fin y al cabo, dirán los dialogófilos, es preciso «conllevarse», como ya anunció Ortega en 1932. Dialoguemos, pues, y busquemos un «encaje» que posibilite la «conllevanza». Y qué mejor receta para el «encaje» y la «conllevanza» que proponer *urbi et orbi* un «nuevo federalismo». Por supuesto, asimétrico, que en román paladino quiere decir: «lo mío, mío, y lo tuyo, a pachas». Al fin y al cabo —como dirían los partidarios del diálogo—, un buen acuerdo es aquel en el cual ninguna de las partes queda satisfecha. Pero este axioma es más que discutible, pues hasta ahora cualquier insatisfacción real o inventada de los nacionalistas ha conducido, de inmediato, a elevar las demandas separatistas unos escalones más arriba.

Leamos lo que a este propósito dice el joven diplomático —ya citado aquí— Juan Claudio de Ramón:

> Se dice que frente al embate secesionista es necesario oponer algo más que el gélido filo de la ley. Se puede estar de acuerdo, a condición de

no entender que la defensa decidida del marco legal sobra en este asunto. La ley democrática, y la española lo es, es un delicado logro civilizatorio que no podemos descuidar sin labrarnos la ruina.

Se dice también que no basta un «no» rotundo a las aspiraciones de los separatistas. También se puede estar de acuerdo, a condición de entender que el «no» sí es procedente. Porque al «no» de la ley cabe sumar el «no» de la moral, que no tolera un proyecto político basado en mentiras y que aspira a convertir en extranjeros a buena parte de los ciudadanos catalanes, el «no» de la razón, que no encuentra razones de peso para la separación, y hasta el «no» del sentido común, que sabe que nadie viviría mejor en una Cataluña independiente salvo los 10.000 patriotas que se aprestan a repartirse cargos y despachos.

Un obstáculo para resolver el problema es el empeño en seguir pensándolo con categorías caducas, ambiguas y a la postre inútiles. Esas categorías son «conllevanza», «encaje» y «catalanismo». Empecemos con la conllevanza. Ortega, con su genio de *fraseur*, se equivocaba. Porque la idea de «conllevanza» implica asumir los postulados del nacionalismo: ver tanto a España como a Cataluña como dos naciones esenciales, condenadas al frotamiento en virtud de no se sabe qué inventada ley de la gravitación histórica. Con la «conllevanza», Ortega estaba convirtiendo un problema político en uno metafísico.

Es creencia compartida, entre perezosa y cínica, de que el viejo guión se repetirá: el catalanismo abdicará del independentismo, las élites españolas concederán más encaje (más «desencaje») y todos nos conllevaremos treinta años más. A esa pretendida solución yo la llamo «suela nueva para zapato viejo».

El mayor error, moral y estratégico, que el Estado ha cometido en su política catalana ha sido confundir a Cataluña con sus élites nacionalistas, otorgándoles el monopolio de la representación de la sociedad catalana, al punto de permitir que sus ideas se instalaran cómodamente en Cataluña como *corrección política*.

Por el bien de catalanes y españoles espero que el diálogo entre el Gobierno y los separatistas no se produzca. Si lo hace y es fructífero, sólo tendremos más años del mismo tacticismo inmoral. Más conllevanza. Porque ésta es mi tesis: en la nueva etapa que se abra no hay que dialogar con el nacionalismo catalán, pero sí, y mucho, con los catalanes.

Y puesto que hablamos de dialogar, oigamos al magistrado Ramón Trillo Torres[62], quien ha imaginado un diálogo entre dos muy civilizados personajes: uno «catalanista» y otro «españolista». Veamos lo que argumentan estos personajes, por ejemplo, respecto a la lengua. Comienza el «españolista»:

—Según tengo entendido por lo que veo en la prensa, los jueces están diciendo que en las escuelas públicas de Cataluña todos los alumnos han de incorporarse al régimen de estudios común, en el que tanto el catalán como el castellano deber ser considerados lenguas vehiculares, es decir, que ninguna de ellas puede ser relegada al nivel de una simple asignatura, como sería el caso de la enseñanza de una lengua extranjera.

—Creo —dijo el catalán— que aproximadamente es eso lo que dicen los jueces y por eso la irritación de quienes no queremos que se suavice el sistema de plena inmersión de los alumnos exclusivamente en el catalán, por entender que sólo así se normalizará su uso en mi tierra.

—Bueno, pero me habrá usted de reconocer que para un observador externo el sistema que estamos atribuyendo a los jueces parecería bien fundado en un razonable criterio de equilibrio y desde

62. Trillo Torres, R.: «Diálogos de Cataluña». *El Cronista*, n.º 45. Mayo de 2014.

luego, sin minusvaloración alguna del catalán, sino más bien todo lo contrario, porque tampoco hay que desconocer la realidad y la utilidad social de que una lengua tan espléndida y expandida como el castellano forme parte del paisaje y del acontecer ordinario en Cataluña.

—Para algunos catalanes ese es precisamente el problema, la formidable potencia del castellano.

—Bien, pero es muy posible que para otros muchos catalanes esa sea precisamente la razón de que quieran preservar el pacífico bilingüismo que hoy luce en Cataluña…

Oigamos ahora al «catalanista» resumiendo sus cuitas:

—Bueno, seamos claros. Ustedes, en Madrid —como solemos decir en Cataluña para referirnos al centralismo político—, nunca han llegado a aceptar que las especificidades catalanas requieran un tratamiento peculiar, distinto del resto de los territorios de España, que a nuestro entender solamente han asomado por los pagos de la reclamación autonómica inducidos artificialmente por los políticos que o bien pretendían tan inmediatos como inmaduros réditos electorales o bien —los más selectos— intentaban diluir en lo posible, mediante un planteamiento común, su —a mi modo de ver— roma percepción de lo que usted ha nombrado «especificidades del ser catalán».

Se percibe en esas «bien traídas» palabras un claro «diálogo de sordos», como si el personaje «catalanista» quisiera reescribir la Historia de España, poniendo especial énfasis en la Historia reciente, la que comienza el 6 de diciembre de 1978 con la aprobación de la Constitución.

El personaje «españolista», en cuyo pensamiento laten, sin duda, las ideas del autor del diálogo, resume así el «estado de la cuestión»:

—Y así como yo entiendo que el actual sentimiento catalán de incomodidad es un hecho político, una convicción popular en gran parte azuzada por los políticos, pero cuyo sustrato existe y aquéllos simplemente agitan, también considero que es un hecho político la existencia de una amplia convicción en el pueblo español de que no cabe tratamiento sustancialmente diferenciado a ningún territorio, convicción también cultivada por los políticos, tanto autonómicos como del Estado.

Una propuesta personal

Tengo dudas sobre si el «dontancredismo» y el refugio en nuestras leyes vayan a ser eternamente válidos. Argumentos del tipo: «A ustedes les irá mal. Saldrán del euro, no tendrán pensiones, se empobrecerán...»; estos argumentos, repito, pueden entrarles por un oído y salirles por el otro a los separatistas. Al fin y al cabo, subidos al monte y dispuestos a tirarse desde allí a un barranco, no parece que tengan el cuerpo para escuchar argumentos ni para mantener diálogos civilizados.

En cualquier caso, bien está el no caer en las provocaciones del separatismo, pero no se puede sostener la ficción de que el Gobierno de la Generalidad está teniendo una actitud constitucional. Un funcionario de quien se sospechara una acción contra las leyes vigentes, como no oculta Artur Mas, sería sacado rápidamente de su puesto, siempre con la máxima prudencia y de acuerdo con la ley.

Hemos aprendido y teorizado sobre el «derecho a decidir», es decir, sobre el «derecho a la autodeterminación», sobre cuándo es de aplicación, y éste no es el caso. Sobre las consecuencias económicas y de todo tipo, y también nos hemos ratificado en la vigencia de nuestras leyes y en la bondad de su cumplimiento y frente a todo eso se nos dice: «Oigan, que nos da igual ser más pobres, salir de Europa, provocar un destrozo, dividir al Estado. Esto es un matrimonio (Artur Mas *dixit*) y cuando no hay amor entre los dos, éstos se separan. Aquí nunca hubo amor, esto fue un rapto. Además, ustedes nos roban. ¿Y qué van a hacer ustedes, mandarnos a la Legión?».

Puestos a buscar figuras aplicables al caso, mejor que el matrimonio, lo describe el proindiviso. Y en el proindiviso todos los españoles somos copropietarios. Y si un proindiviso se rompe, habrá de hacerse según las reglas. Si quieren hacerlo ustedes de otra manera, están atentando contra mis derechos. Y mis derechos se defienden con la ley en la mano.

Se oyen ahora muchas voces, eso sí, muy dispersas, según las cuales «urge» reformar la Constitución, pero no hay, ni de lejos, unanimidad sobre qué artículos de la Constitución es preciso reformar. Unos proponen entrar a saco en ella, reformando artículos que entran en la parte «dura» (Título preliminar y Título primero), como es la soberanía del pueblo español, «patria indivisible de los españoles», o el bilingüismo. Para otros, lo urgente es llevar a un referéndum la elección Monarquía/República. Pero quienes defienden estas reformas radicales nunca se dignan hablar del complejo procedimiento para llevar a puerto esas reformas[63]. Los más mode-

63. Artículo 168:

1. Cuando se propusiere la revisión total de la Constitución o una parcial que afecte al Título preliminar, al Capítulo segundo, Sección primera del Título I, o al Título II, se procederá a la aprobación del principio por mayoría de dos tercios de cada Cámara, y a la disolución inmediata de las Cortes.

2. Las Cámaras elegidas deberán ratificar la decisión y proceder al estudio del nuevo texto constitucional, que deberá ser aprobado por mayoría de dos tercios de ambas Cámaras.

3. Aprobada la reforma por las Cortes Generales, será sometida a referéndum para su ratificación.

rados, en fin, nos hablan de asuntos como el Senado o el confuso Título VIII.

¿Una reforma federalizante de la Constitución? Tengo para mí que realmente lo que se pretende con esta frase, cuyo contenido nunca se explicita, es meter por la puerta de la Constitución lo que no se pudo colar por la ventana de aquel Estatuto de 2006. En otras palabras, se trata de reformar la Constitución para que quepa en ella el, así llamado, «federalismo asimétrico», en el cual se incluyen conceptos tales como el monolingüismo para Cataluña y el País Vasco y «España como nación de naciones». Asuntos que tocan la «parte dura» de la Constitución. Además de replicar en Cataluña los mismos privilegios económicos que tienen ya Euskadi y Navarra.

¿Es así como se pretende «encajar» de nuevo a Cataluña en España? Pues yo no creo que sea posible, pues, que se sepa, ninguna Constitución española ha tenido nunca —tampoco la de la «tan añorada» II República— algún artículo que autorice la secesión de una parte de España.

Antes de dialogar (yo también soy partidario del diálogo, pero no de la rendición) conviene, a mi juicio, que las cosas maduren en Cataluña y pienso que van a madurar, y lo van a hacer —a corto plazo— radicalizándose las posiciones políticas. La discusión ya no está en «el derecho a decidir», se ha desplazado a otro lado, al de independencia sí o independencia no. Un terreno donde los tácticos y los confusos —antes tan abundantes en la política catalana— ya no pueden escamotear esa dicotomía. Los separatistas han puesto, al fin, las cosas claras: «o sopa o teta».

La deriva actual conduce, muy probablemente, a una relativa hegemonía parlamentaria de ERC, y como las elecciones «plebiscitarias» no existen, pues el señor Junqueras tendrá que hacerse cargo del Gobierno de la Generalidad. Ése será el momento de «dialogar», pero no con ERC, sino con los catalanes que conserven su *seny*. Con aquellos que no estén dispuestos a tirarse por el barranco ni a que otros los tiren al abismo. Y pasado el calentón, es muy probable que vuelvan a ser una mayoría aplastante.

¿Cuanto peor, mejor? En este caso, quizá sí, o digámoslo más literariamente: «Cuando la flecha está en el arco, tiene que partir». Pues esperemos a ver a qué blanco va a parar la dichosa flecha.

¿Viéndolas venir? En absoluto. Don Tancredo no se mueve (y así debe estar un rato más), pero sí puede hablar, y en este caso es preciso hablar en Cataluña y en el resto de España.

Por suerte, en los últimos tiempos se ha ido construyendo un corpus de doctrina inequívocamente contraria al separatismo que es preciso difundir y apoyar aquí y acullá, porque en este asunto no existe nada inexorable y las opiniones de los catalanes, como las de cualquier ser humano, no son fijas, sino variables, y dependen en buena medida de la capacidad de convicción que demuestre la sociedad civil no-separatista en Cataluña, pero también en el resto de España. Sin ánimo de tomar a Antonio Machado por un oráculo, aunque sea parafraseada, una cita suya viene aquí al pelo: «No está el mañana en el ayer escrito».

A Natalia Marín por su tenacidad
y a Lucinda Álvarez por su paciencia

Bibliografía

Abadal i de Vinyals, Ramon d'. *Les lliçons de la Historia.* Barcelona: La Magrana, 2010.

Álvarez Junco, José (coord.). *Las historias de España: visiones del pasado y construcción de identidad.* Madrid: Marcial Pons, 2013.

Amat, F.: «Segunda dimensión y polarización geográfica de los resultados electorales», en *Cataluña en la encrucijada. Las elecciones catalanas de 2012.* Marcial Pons. 2014.

Anguera, Pere. *Españolismo y catalanidad en la historiografía catalana decimonónica.* Hispania, LXI/3, núm. 209. 2001, págs. 907-932.

Arteta, Aurelio. «La injusticia lingüística para la secesión catalana o vasca». FronteraD, revista digital, 24 de enero 2014 (en línea: www.fronterad.com).

Aula Política. Instituto de Estudios de la Democracia. Universidad CEU San Pablo. *Recuperar España: Una propuesta desde la Constitución.* Madrid: Editorial Universitas, 2013.

Barberán, R.: «Los estudios sobre balanzas fiscales regionales en España (1960-2005)». Madrid: Instituto de Estudios Fiscales, 2006.

Barraycoa, Javier. *Historias ocultadas del nacionalismo catalán.* Madrid: Libros Libres, 2011.

Béjar, Helena. *La dejación de España: nacionalismo, desencanto y pertenencia.* Buenos Aires: Katz Ediciones, 2008.

Bel, Germà. *Anatomía de un desencuentro: la Cataluña que es y la España que no pudo ser*. Barcelona: Destino, 2013.

Bergua, José. *Psicología del pueblo español: Ensayo de un análisis biológico del alma nacional.* Madrid: Librería Bergua, 1934.

Blanco Valdés, Roberto. *El laberinto territorial español.* Madrid: Alianza Editorial, 2014.

Blas Guerrero, André de. *Nacionalismos y naciones en Europa*. Madrid: Alianza, 1994.

Boadella, Albert. *Diarios de un francotirador: mis desayunos con ella*. Barcelona: Espasa, 2012.

Bosch Gimpera, Pere. «España», en Ruiz Torres, Pedro (ed.). *Discursos sobre la Historia. Lecciones de apertura de curso en la Universidad de Valencia 1870-1937.* Universidad de Valencia, 2000.

Buchanan, Allen. *La moral del nacionalismo II: orígenes, psicología y dilemas de parcialidad de los sentimientos nacionales.* Barcelona: Gedisa, 2003.

Caro Baroja, Julio. *El mito del carácter nacional: meditaciones a contrapelo.* Madrid: Caro Raggio, 1970.

Carreras, Francesc de. *Paciencia e independencia*. Barcelona: Ariel, 2014.

Cirlot, Juan Eduardo. *Diccionario de símbolos.* Barcelona: Labor, 1992.

Cisneros Laborda, Gabriel [*et al.*]. *Reflexiones de los ponentes de la Constitución española 1978-2003.* Cizur Menor: Thomson Reuters; Aranzadi, 2003.

Claret, Jaume y Santirso, Manuel. *La construcción del catalanismo: historia de un afán político.* Madrid: La Catarata, 2014.

Colomer, Josep M. «Ni España ni Cataluña: no hay soberanía en Europa». *Política Exterior* (noviembre-diciembre 2013).

Cordero, Juan Antonio. «Polvos estatutarios y crisis del catalanismo». www.vozbcn.com 2-VI-2014.

— y Ovejero, Félix. «La fractura catalana». *Clave ciudadana*, junio 2013 (en línea: www.claveciudadana.es).

Corral, José Luis. *La corona de Aragón. Manipulación, mito e historia.* Zaragoza: Doce Robles, 2014.

Cruz, Manuel. *Una comunidad ensimismada.* Madrid: La Catarata, 2014.

Cué, C. E.: «El grave error fue el Estatuto de Cataluña, no nuestra sentencia». *El País*, 3-VII-2014.

Cutchet, Luis. *Cataluña vindicada.* Barcelona: Llibres Pere Borrás, 1858.

Diario de sesiones de las Cortes Constituyentes de la República Española (1873-1874). Madrid (s. n.), 1874.

Eliade, Mircea. *Mito y realidad.* Madrid: Guadarrama, 1968.

España, Ramón de. *El manicomio catalán.* Madrid: La Esfera de los libros, 2013.

Fajardo Spínola, Luis. *¿Hacia otro modelo de Estado? Los socialistas y la estructura territorial del Estado.* Pamplona: Thomson Reuters/Civitas, 2009.

Fuente, Ángel de la. «Balanzas fiscales: una breve introducción». *El Cronista*, n.º 42 (febrero 2014), pág. 78.

García Cárcel, Ricardo. «Los mitos del 11 de septiembre», en *Cataluña en claro.* Madrid: FAES, 2014.

García de Cortázar, Fernando. *Los mitos de la historia de España.* Barcelona: Planeta, 2003.

García Fernández, Javier. «Un pacto para la reforma constitucional». *El País*, 3-XII-2013.

Gellner, Ernest. *Nacionalismo.* Barcelona: Destino, 1998.

Girauta, Juan Carlos. «Añoranza de Cataluña». *La Ilustración Liberal*, n.º 25 (octubre 2005), en línea: www.ilustraciónliberal.com.

Hobsbawm, Eric y Ranger, Terence (eds.). *La invención de la tradición.* Barcelona: Crítica, 2002.

Jáuregui, Gurutz. *Contra el Estado-nación: En torno al hecho y la cuestión nacional.* Madrid: Siglo XXI, 1986.

Juaristi, Jon. *Espaciosa y triste: Ensayos sobre España.* Barcelona: Espasa, 2013.

JULIÁ, Santos. *Vida y tiempo de Manuel Azaña: 1880-1940*. Madrid: Santillana, 2008.

KAMEN, Henry. «El separatismo en Europa». *El Mundo*, 2-VII-2014.

LAÍNZ, Jesús. *España contra Cataluña. Historia de un fraude*. Madrid: Encuentro, 2014.

LEGUINA, Joaquín. *Historia de un despropósito*. Madrid: Planeta, 2014.

LÓPEZ FACAL, Javier. *Breve historia cultural de los nacionalismos europeos*. Madrid: La Catarata, 2014.

LOZANO, Irene. *Lecciones para el inconformista aturdido en tres horas y cuarto por un ensayista inexperto y sin papeles: la falta de ideas de la izquierda en la crisis actual*. Barcelona: Debate, 2009.

MARTÍN VILLA, R.: *Al servicio del Estado*. Barcelona: Planeta (2.ª edición), 1985.

MENÉNDEZ PIDAL, Ramón. *Historia de España*. Madrid: Espasa Calpe.

MONTILLA, Javier. *Los muros de Cataluña*. Barcelona: Anaya Multimedia, 2013.

MUÑOZ MACHADO, Santiago. «La cuarta vía». *El Cronista*, n.º 42 (febrero 2014), pág. 4.

MUÑOZ MOLINA, Antonio. *Todo lo que era sólido*. Barcelona: Seix Barral, 2013.

ORTEGA, André. *Recomponer la democracia*. Barcelona: RBA, 2014.

PECES-BARBA, G. *La elaboración de la Constitución de 1978*. Madrid: CEC, 1988.

PÉREZ ANDÚJAR, Javier. *Catalanes todos*. Barcelona: Tusquets, 2014.

PORTA PERALES, Miquel. *Malats de passat: una revisió crítica de la identitat catalana*. Barcelona: Laertes, 2000.

POZO ANDRÉS, María del Mar del. *Currículum e identidad nacional: regeneraciones, nacionalismos y escuela pública (1890-1939)*. Madrid: Biblioteca Nueva, 2000.

POZUELO YVANCOS, José María. «Pérez Andújar y el incómodo pasado catalán». *Abc Cultural*, 14-VI-2014, pág. 12.

ROBLE, Antonio. *Extranjeros en su país*. Málaga: Sepha, 2008.

RODÓN, Toni y ORRIOLS, Lluís (eds.). *Cataluña en la encrucijada*. Madrid: Marcial Pons, 2014.

SAN AGUSTÍN, Arturo. *Cuando se jodió lo nuestro*. Barcelona: Península, 2014.

SAVATER, Fernando. «Hacerse el loco». *El País*, 13-XII-2012.

SOLDEVILA, Ferrán. *El compromis de Caspe*. Barcelona: Rafael Dalmau, 1965.

SORIA, Javier. «El informe n.º 6 del CATN y las supuestas vías de integración en la UE». *Puerta de Brandemburgo*, 27 de abril de 2014 (en línea: www.puertadebrandemburgo.com).

SOSA WAGNER, Francisco y FUERTES, Mercedes. *Bancarrota del Estado y Europa como contexto*. Madrid: Marcial Pons, 2011.

TRILLO TORRES, Ramón. «Diálogos de Cataluña». *El Cronista*, n.º 45 (mayo 2014), pág. 45.

UCELAY-DA CAL, E. *El imperialismo catalán*. Barcelona: Edhasa, 2003.

VIDAL-QUADRAS, Aleix. *La Constitución traicionada*. Madrid: Libros Libres, 2006.

VIDAL-FOLCH, Xavier. «La independencia no existe». *El País*, 25-XI-2012.